미래엔이 만든 초등 전과목 온라인 학습 플랫폼

무약정
기간 약정, 기기 약정 없이 학습 기간을 내 마음대로

모든 기기 학습 가능
내가 가지고 있는 스마트 기기로 언제 어디서나

부담 없는 교육비
교육비 부담 줄이고 초등 전 과목 학습 가능

원하는 학습을 마음대로 골라서!

초등 전과목 & 프리미엄 학습을
자유롭게 선택하세요

학교 진도에 맞춰
초등 전과목을
자기주도학습 하고 싶다면?

아이 공부 스타일에 맞춘
AI 추천 지문으로
문해력을 강화하고 싶다면?

하루 30분씩
수준별 맞춤 학습으로
수학 실력을 키우고 싶다면?

국어 수학 사회 과학 영어
전 과목 교과 학습

AI 독해력
강화솔루션

AI 수학실력
강화솔루션

하루 한 장 공부 습관을 기르는 학습 계획표

3권	주제명	진도	학습 계획일	목표 달성도
1 조선 사회의 새로운 움직임	영조가 추진한 탕평 정치의 내용은 무엇일까?	1주 1일	월 일	☆☆☆☆☆
	정조는 조선을 어떻게 개혁해 나갔을까?	1주 2일	월 일	☆☆☆☆☆
	세도 정치는 나라의 질서를 어떻게 무너뜨렸을까?	1주 3일	월 일	☆☆☆☆☆
	도전! 한국사능력검정시험	1주 4일	월 일	☆☆☆☆☆
	조선 후기의 시장은 어떤 모습이었을까?	1주 5일	월 일	☆☆☆☆☆
	신분제는 왜 흔들렸고 조선 시대 여성은 어떤 삶을 살았을까?	2주 1일	월 일	☆☆☆☆☆
	조선 후기에 왜 새로운 종교가 유행하였을까?	2주 2일	월 일	☆☆☆☆☆
	조선 후기에 농민들은 왜 봉기를 하였을까?	2주 3일	월 일	☆☆☆☆☆
	도전! 한국사능력검정시험	2주 4일	월 일	☆☆☆☆☆
	조선 최초의 신도시는 어떻게 만들어졌을까?	2주 5일	월 일	☆☆☆☆☆
	조선 후기에 발달한 새로운 학문은 무엇이 있을까?	3주 1일	월 일	☆☆☆☆☆
	조선 후기에 서민 문화는 어떻게 꽃피었을까?	3주 2일	월 일	☆☆☆☆☆
	도전! 한국사능력검정시험	3주 3일	월 일	☆☆☆☆☆
	흥선 대원군은 어떤 정책을 펼쳤을까?	3주 4일	월 일	☆☆☆☆☆
	조선은 어떻게 개항하게 되었을까?	3주 5일	월 일	☆☆☆☆☆
	개항 이후 조선에서는 어떤 일이 있었을까?	4주 1일	월 일	☆☆☆☆☆
	동학 농민군이 원하는 세상은 어떤 모습이었을까?	4주 2일	월 일	☆☆☆☆☆
	조선은 근대화를 위하여 어떤 개혁을 추진하였을까?	4주 3일	월 일	☆☆☆☆☆
	자주적인 국가 수립을 위하여 어떤 노력이 전개되었을까?	4주 4일	월 일	☆☆☆☆☆
	근대 문물의 수용으로 생활 모습은 어떻게 변화하였을까?	4주 5일	월 일	☆☆☆☆☆
	도전! 한국사능력검정시험	5주 1일	월 일	☆☆☆☆☆
2 근·현대 사회의 전개	을사늑약에 맞서 우리 민족은 어떻게 저항하였을까?	5주 2일	월 일	☆☆☆☆☆
	우리 민족은 나라를 지키기 위하여 어떤 노력을 하였을까?	5주 3일	월 일	☆☆☆☆☆
	일제의 무단 통치로 우리 민족은 어떤 어려움을 겪었을까?	5주 4일	월 일	☆☆☆☆☆
	3·1 운동은 왜 일어났을까?	5주 5일	월 일	☆☆☆☆☆
	대한민국 임시 정부는 나라를 되찾기 위하여 어떤 노력을 하였을까?	6주 1일	월 일	☆☆☆☆☆
	도전! 한국사능력검정시험	6주 2일	월 일	☆☆☆☆☆
	3·1 운동 이후 일제의 식민 지배 정책은 어떻게 변화하였을까?	6주 3일	월 일	☆☆☆☆☆
	1920년대 국내의 민족 운동은 어떻게 전개되었을까?	6주 4일	월 일	☆☆☆☆☆
	국외의 무장 독립 투쟁은 어떻게 전개되었을까?	6주 5일	월 일	☆☆☆☆☆
	1930년대 이후 일제는 어떤 방법으로 우리 민족을 통치하였을까?	7주 1일	월 일	☆☆☆☆☆
	우리 민족은 민족 문화를 지키기 위해 어떤 노력을 하였을까?	7주 2일	월 일	☆☆☆☆☆
	도전! 한국사능력검정시험	7주 3일	월 일	☆☆☆☆☆
	8·15 광복 이후 어떤 과정을 거쳐 대한민국 정부가 수립되었을까?	7주 4일	월 일	☆☆☆☆☆
	6·25 전쟁은 왜 일어났고 어떤 결과를 가져왔을까?	7주 5일	월 일	☆☆☆☆☆
	4·19 혁명과 5·16 군사 정변이 일어난 까닭은 무엇일까?	8주 1일	월 일	☆☆☆☆☆
	5·18 민주화 운동과 6월 민주 항쟁으로 어떤 변화가 나타났을까?	8주 2일	월 일	☆☆☆☆☆
	우리나라의 경제는 어떻게 발전하였을까?	8주 3일	월 일	☆☆☆☆☆
	남북 평화 통일을 위해 남과 북은 어떤 노력을 하고 있을까?	8주 4일	월 일	☆☆☆☆☆
	도전! 한국사능력검정시험	8주 5일	월 일	☆☆☆☆☆

한국사의 흐름이 한눈에 쏙!
하루한장 한국사 3권 **연대표**

- 1742년 영조의 탕평비 건립
- 1750년 균역법 실시
- 1776년 정조의 규장각 설치
- 1796년 화성 축성
- 1811년 홍경래의 난 발발
- 1860년 최제우, 동학 창시
- 1862년 임술 농민 봉기

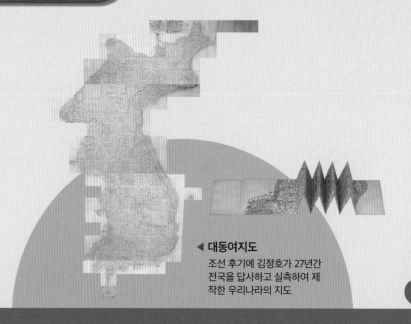

◀ **대동여지도**
조선 후기에 김정호가 27년간 전국을 답사하고 실측하여 제작한 우리나라의 지도

조선 후기

▲ **경복궁**
조선 태조 때 완성되어 임진왜란 때 불타 버렸으나 1867년에 흥선 대원군이 다시 세운 조선 시대의 궁궐

- 1866년 병인양요 발발
- 1871년 신미양요 발발
- 1876년 강화도 조약 체결
- 1882년 임오군란
- 1884년 갑신정변
- 1894년 동학 농민 운동, 갑오개혁
- 1896년 독립 협회 설립
- 1897년 대한 제국 수립

하루 한 장 학습이 끝나면 학습지 ①쪽의 발자국을 오려 붙이세요.

한국사 학습을 위한 **나의 발자취** 👣

1주 1일
1주 2일
1주 3일
1주 4일
1주 5일
2주 1일
2주 2일
2주 3일
2주 4일
2주 5일
3주 1일
3주 2일
3주 3일
3주 4일
3주 5일
4주 1일
4주 2일
4주 3일
4주 4일
4주 5일

- 1905년 을사늑약 체결
- 1909년 안중근, 이토 히로부미 저격
- 1910년 국권 피탈
- 1919년 3·1 운동, 대한민국 임시 정부 수립
- 1920년 봉오동 전투, 청산리 대첩
- 1926년 6·10 만세 운동
- 1929년 광주 학생 항일 운동
- 1940년 한국 광복군 창설

▲ 평화의 소녀상
일본 '위안부' 피해자를 기리기 위해 세워진 동상

◀ 안중근
1909년 만주의 하얼빈에서 이토 히로부미를 저격한 독립운동가

근·현대

▼ 6월 민주 항쟁
1987년 6월, 민주화를 요구하며 전국적으로 일어난 시위

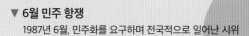

- 1945년 8·15 광복
- 1948년 대한민국 정부 수립
- 1950년 6·25 전쟁 발발
- 1960년 4·19 혁명
- 1980년 5·18 민주화 운동
- 1987년 6월 민주 항쟁
- 1991년 남북한 유엔 동시 가입
- 1997년 외환 위기
- 2007년 제2차 남북 정상 회담 개최

5주 1일
5주 2일
5주 3일
5주 4일
5주 5일
6주 1일
6주 2일
6주 3일
6주 4일
6주 5일
7주 1일
7주 2일
7주 3일
7주 4일
7주 5일
8주 1일
8주 2일
8주 3일
8주 4일
8주 5일

하루한장 한국사 주요 주제 미리 보기

영조가 추진한 탕평 정치의 내용은 무엇일까?

영조는 여러 붕당이 조화롭게 정치하기를 바라면서 '탕평채'라는 음식을 만들도록 하였다고 전해진다. 이 음식의 각 재료가 상징하는 붕당이 어디일지 선으로 이어 보자.

여러 재료가 섞여 좋은 맛을 내는 탕평채처럼 여러 붕당이 함께 좋은 정치를 꾸려가 보세.

| 청포묵 | 쇠고기 | 김 | 미나리 |

| 푸른색 | 흰색 | 붉은색 | 검은색 |
| 동인 | 서인 | 남인 | 북인 |

탕평채의 재료가 상징하는 붕당이 어디일지 잘 연결해 보았니?

선조 때 사림이 처음 동인과 서인으로 나뉘면서 붕당이 형성되었지. 그 이후 각 붕당은 서로의 존재를 인정하면서 견제하고 비판하며 정치를 전개해 나갔어. 하지만 점차 붕당 간의 갈등이 심해지면서 붕당 정치가 변질되었단다.

붕당 정치의 변질로 정치가 혼란스러워지고 왕권이 흔들리자 영조는 붕당 사이의 대립을 줄이기 위해 탕평 정치를 실시하였단다.

그럼 탕평 정치가 무엇이며 어떻게 전개되었는지 자세히 알아보자.

큰별쌤이 영상

붕당 정치가 변질되다

조선 중기부터 권력을 잡았던 사림은 선조 때 동인과 서인으로 갈라지며 붕당을 형성하였어. 이후 동인은 북인과 남인으로 다시 나뉘었지. 광해군을 지지했던 북인은 서인이 주도한 인조반정으로 광해군과 함께 몰락하였단다.

이후 서인과 남인은 상대 붕당을 인정하는 가운데 서로의 정책을 비판하고 견제하였지. 그러나 현종 때 서인과 남인 사이에 두 차례에 걸친 **예송**이 일어나면서 두 붕당 사이의 갈등이 깊어졌단다.

예송

예송은 예법을 어떻게 적용할지를 놓고 벌어진 논쟁이야. 둘째 아들로 왕위에 오른 효종과 효종비가 죽은 후 효종의 어머니인 자의 대비가 상복을 입는 기간에 대해 서인과 남인 간의 입장이 달랐지.

이는 둘째 아들로서 왕위에 오른 효종의 정통성을 둘러싸고 **각 붕당이 정치적으로 대립**한 것이란다.

환국 정치

숙종은 왕권을 강화하기 위해 남인과 서인에게 번갈아가며 권력을 몰아주는 **환국 정치**를 실시했단다.

숙종이 힘을 쥐어 준 붕당이 계속 바뀜에 따라 집권 붕당은 상대 붕당을 몰아내고 보복을 하였지. 붕당 정치가 크게 변질되기 시작한 거야. 이 과정에서 서인은 남인에 대한 처벌 문제를 두고 노론과 소론으로 나뉘었단다.

영조가 탕평 정치를 시행하다

붕당 사이의 대립이 심해지면서 정치가 혼란스러워졌어. 이러한 상황 속에서 영조가 즉위하였지. 영조는 나라를 안정시키고 왕권을 강화하기 위해서는 붕당 정치의 폐단을 바로잡아야 한다고 생각했단다.

한쪽에 치우치지 않는 탕평 정치를 펼치겠노라!

영조는 신하들을 모아 놓고 **탕평 정치**를 펼치겠다고 선언하고, 어느 한 붕당에 치우치지 않고 인재를 골고루 등용하였어. 영조는 조선의 관리를 키워 내는 최고 학교인 성균관에 **탕평비**를 세워 정치를 시작하는 젊은 관리에게 화합의 정신을 심어 주고자 했단다.

탕평책으로 정치를 안정시킨 영조는 백성의 생활을 안정시키고자 노력하였어. 특히 **균역법을 실시**하여 세금을 줄여 주었지. 당시 백성은 군역 대신에 1년에 2필의 군포를 나라에 내야 했는데, 이를 1필로 줄였단다.

그리고 지나치게 **가혹한 형벌을 금지**하고, 『속대전』과 같은 **법전도 편찬**하였어. 또한, 비가 많이 올 때마다 청계천의 물이 넘치자 **청계천을 정비**하여 백성의 피해를 줄여 주기도 하였단다.

탕평채라는 음식이 탕평 정치와 관련이 있다고요?

영조가 신하들과 모여 탕평책을 논의하는 자리에 특별한 음식이 등장했어. 청포묵에 숙주, 고기, 미나리, 김 등을 섞어 만든 음식인 탕평채였지. 맛과 색이 각기 다른 재료가 어울려 훌륭한 맛을 내는 탕평채가 되었듯이, 여러 당파가 함께 어울려 나라를 위한 올바른 정치를 하라는 뜻이 담긴 것이지.

두루 사귀면서 편을 가르지 않는 것이 군자의 공정한 마음이고, 편을 가르고 두루 사귀지 않는 것은 소인의 사사로운 마음이다.

탕평비

탕평책

| 붕당 정치의 변질과 영조의 탕평 정치 |

❶ 효종과 효종비가 죽자 자의 대비가 상복 입는 기간을 둘러싸고 ☐☐ 이 일어났어.

❷ 숙종은 서인과 남인에게 번갈아가며 권력을 몰아주는 ☐☐ 정치를 실시했어.

❸ 영조는 어느 한 붕당에 치우치지 않는 ☐☐ 정치를 실시했어.

---

1 다음은 예송 당시 각 붕당의 주장이다. 각각의 주장을 하는 붕당을 바르게 선으로 연결하시오.

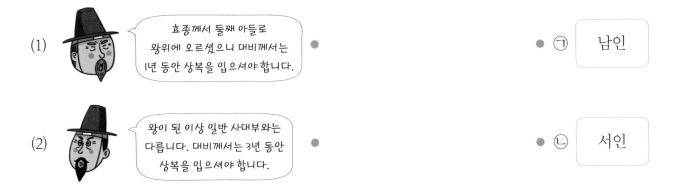

(1) 효종께서 둘째 아들로 왕위에 오르셨으니 대비께서는 1년 동안 상복을 입으셔야 합니다. •

• ㉠ 남인

(2) 왕이 된 이상 일반 사대부와는 다릅니다. 대비께서는 3년 동안 상복을 입으셔야 합니다. •

• ㉡ 서인

---

2 다음 ㉠에 들어갈 알맞은 제도를 쓰시오.   (   )

영조는 백성의 생활을 안정시키기 위해 군역으로 매년 군포 2필을 내던 것을 1필로 줄여 주는 ☐ ㉠ ☐ 을 실시하였다.

---

3 (가)에 들어갈 내용으로 옳은 것은?   (   )

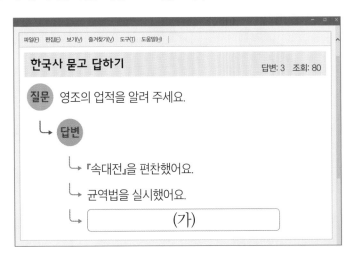

① 탕평비를 건립했어요.
② 영선사를 파견했어요.
③ 집현전을 설치했어요.
④ 별기군을 창설했어요.

한국사 묻고 답하기   답변: 3   조회: 80

질문 영조의 업적을 알려 주세요.

┗ 답변

┗ 『속대전』을 편찬했어요.

┗ 균역법을 실시했어요.

┗ (가)

1. 조선 사회의 새로운 움직임

정조는 조선을 어떻게 개혁해 나갔을까?

 다음은 역사 한자 카드이다. 초성 힌트를 보고, 조선 시대의 인물인 이 사람이 누구인지 □□ □□ 안에 써 보자.

역사 한자 카드

思	悼	世	子
생각할 ㅅ	슬퍼할 ㄷ	인간 ㅅ	아들 ㅈ

뜻

조선 시대 왕인 영조의 아들이다. 영조와의 갈등으로 세자에서 폐위되어 서인으로 강등되었고, 영조의 명으로 뒤주(곡식을 담는 나무 궤짝) 속에 갇혀 굶어 죽었다. 이후 영조가 아들의 죽음을 애도하면서 내린 시호가 '사도'이며, 정조가 다시 '장헌 세자'로 시호를 바꾸었다.

정답: □□□□

빈칸에 들어갈 인물은 영조의 아들이자 정조의 아버지인 '사도 세자'란다.

사도 세자는 영조의 명으로 뒤주 속에 갇혀 죽고 말았어. 사도 세자의 비극적인 죽음을 목격한 정조는 즉위 후 왕권을 강화하기 위해 많은 노력을 펼쳤단다.

정조는 신하들을 직접 가르칠 정도로 공부를 열심히 하였고, 인재를 길러 정책을 연구하도록 했지.

그럼 정조가 왕권을 강화하기 위해 어떤 개혁 정책을 펼쳤는지 우리 함께 알아보자.

큰별쌤의 영상

사도 세자의 죽음

영조는 즉위 이후 오랜 기간 아들이 없었어. 그러다가 42세에 어렵게 아들을 얻었지. 영조는 매우 기쁜 나머지 아들이 돌이 지나자마자 세자로 책봉하였단다.

영조는 자신의 뒤를 이을 세자에 대한 기대가 매우 컸어. 하지만 세자가 나날이 글공부를 싫어하고 무예에 관심을 갖자, 세자에 대한 영조의 마음 역시 점점 식어 갔지.

세자는 점점 더 이 애비를 실망시키는구나!

아바마마, 그것이 아니오라…….

한편 영조는 탕평 정치를 펼치고자 하였지만 붕당 간의 대립을 완전히 막지는 못했어. 게다가 영조 즉위에 도움을 준 노론이 세자의 부족함을 계속 주장하였지. 이러한 까닭들로 영조와 세자의 사이는 점점 더 멀어져 갔단다.

영조가 세자를 나무라는 일이 잦아졌고 세자는 그런 아버지를 무서워했어. 이에 세자는 마음의 병이 생겨 이상한 행동을 하기 시작했단다. 결국 영조는 세자를 뒤주에 가두고 물조차 주지 말라고 명했지. 뒤주에 갇힌 세자는 8일 만에 세상을 떠났단다.

세자의 어린 아들은 아버지가 죽는 것을 지켜보아야만 했지. 영조는 세자가 세상을 떠나자, 이를 후회하며 '생각하고 슬퍼한다.'라는 뜻의 '사도(思悼)'라는 이름을 붙여 주었어. 나라의 앞날을 위해 왕으로서 세자를 죽게 했지만 어쩔 수 없는 선택을 한 아버지로서의 깊은 슬픔이 담긴 이름이지.

세자
왕의 자리를 이을 왕의 아들을 말한다.

뒤주
곡식을 보관하는 나무로 만든 상자 같은 것을 말한다.

영조

사도 세자

정조, 개혁 정치를 펼치다

사도 세자의 아들이었던 정조는 영조의 뒤를 이어 왕위에 올랐어. 정조는 세손이 되어 할아버지 영조로부터 오랜 기간 훌륭한 왕이 되기 위한 교육을 받았지. 정조는 항상 공부하였고 나랏일을 구상하고자 힘썼단다.

정조는 나라를 발전시키기 위한 여러 개혁 정책을 펼쳐 나갔어. 무엇보다 영조의 탕평책을 이어받아 붕당이 아닌 개인의 능력에 따라 인재를 등용했단다.

나의 정책을 뒷받침할 인재를 키울 규장각을 설치해야겠다!

규장각은 왕실 도서관이자 학문과 정책을 연구하는 기관으로, 정조는 젊은 신하들을 뽑아 이곳에서 교육하였어. 또한 정조는 능력이 있다면 신분을 가리지 않고 규장각의 관리로 등용했단다. 그래서 이전까지 차별받던 서얼 출신 박제가, 유득공, 이덕무 등이 규장각의 관리로 일할 수 있었지.

한편 정조는 군사권을 장악하기 위해 **장용영**이라는 왕의 친위 부대를 만들었단다. 또한 정조는 수원에 자신의 꿈과 개혁을 실현할 계획도시인 화성을 건설하여 군사와 상업의 중심지로 만들고자 하였지.

서얼

양반의 자손 중 양인 신분의 첩이 낳은 '서자'와 천민 신분의 첩이 낳은 '얼자'를 함께 이르는 말이다.

장용영

정조가 한양과 수원에 설치하였던 국왕 직속 군영으로, 왕을 보호하고 궁궐을 지키는 군대였단다. 왕권 강화를 위한 군사적 기반이었지.

규장각에서 마음껏 학문과 정책을 연구하시오!

┃ 정조의 개혁 정치 ┃

❶ 정조는 영조의 ☐☐ 책을 이어받아 붕당이 아닌 개인의 능력에 따라 인재를 등용했어.

❷ 정조는 ☐☐☐ 을 설치하여 젊은 학자들에게 학문과 정책을 연구하도록 했어.

❸ 정조는 왕권 강화를 위해 왕의 친위 부대인 ☐☐☐ 을 설치했어.

1 다음 세 사람이 공통적으로 설명하는 인물은 누구인지 쓰시오. ( )

> 영조의 아들로, 어린 나이에 세자가 되었어.

> 영조와 달리 노론과 사이가 안 좋았어.

> 정조의 아버지로, 뒤주에 갇혔다가 죽었어.

2 다음 설명에 해당하는 것을 낱말 카드에서 골라 쓰시오.

> 화성   규장각   장용영   집현전

(1) 정조가 군사권을 장악하기 위해 만든 왕의 친위 부대

( )

(2) 정조가 설치한 왕실 도서관이자 학문과 정책을 연구하는 기관

( )

(3) 정조가 자신의 꿈과 개혁을 실현하기 위해 수원에 만든 계획도시

( )

한국사능력검정시험 기출

3 (가)에 들어갈 기구로 옳은 것은? ( )

> 정조는 (가) 에서 젊은 학자들이 나랏일과 관련된 여러 학문을 연구하도록 했어요. 저는 이것을 그림으로 표현해 보았어요.

> 박제가! 너 여기서 일해.
> ← 정조

① 규장각
② 비변사
③ 장용영
④ 집현전

정답 확인

오늘 나의 실력은? 확인

세도 정치는 나라의 질서를 어떻게 무너뜨렸을까?

 정조가 죽은 후 세도 정치가 전개되고 '삼정'의 문란으로 백성은 고통을 겪었다. 미로 찾기를 하면서 무엇이 '삼정'에 해당하는지 알아보자.

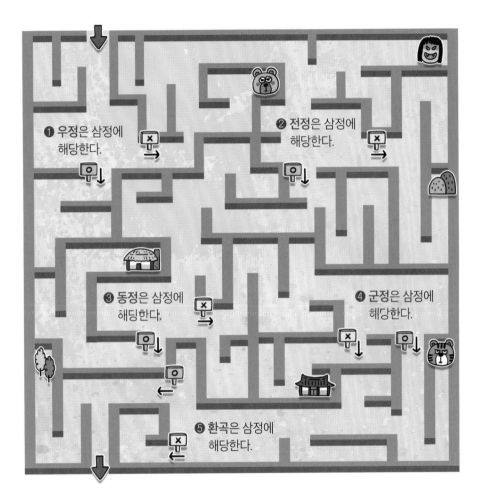

❶ 우정은 삼정에 해당한다.

❷ 전정은 삼정에 해당한다.

❸ 동정은 삼정에 해당한다.

❹ 군정은 삼정에 해당한다.

❺ 환곡은 삼정에 해당한다.

낱말 풀이

❶ 우정: 친구 사이에 가지는 정

❷ 전정: 토지에서 나는 곡식에 대한 세금을 거두는 것

❸ 동정: 남의 어려운 처지를 가엾게 여기는 것

❹ 군정: 군역에 종사할 사람에게 군포를 거두는 것

❺ 환곡: 굶주린 백성에게 약간의 이자를 받고 곡식을 빌려주는 것

큰별쌤의 영상

정조가 죽은 후 순조가 어린 나이에 즉위하면서 소수 가문이 권력을 독점하여 정치를 주도하는 세도 정치가 전개된단다. 세도 정치 시기 부패한 관리들은 나라가 정해 놓은 것보다 더 많은 세금을 백성에게 거두었지.

황무지에 세금을 매기는가 하면 죽은 사람이나 갓난아이에게까지 군포를 내도록 하고, 억지로 곡식을 빌려주고 높은 이자를 받기도 했어.

그럼 백성을 고통스럽게 했던 세도 정치가 나타난 배경과 세도 정치 시기 어떠한 문제점이 나타났는지 우리 함께 자세히 알아보자.

세도 정치로 나라가 혼란해지다

영조와 정조는 탕평책을 펼치며 왕권을 강화하고 나라의 안정을 이루었어. 하지만 1800년 정조가 갑자기 죽고 순조가 11살의 어린 나이로 왕위에 오르자 상황이 달라졌지.

어린 왕을 대신해 왕실의 가장 큰 어른인 순조의 증조할머니가 수렴청정을 하였단다. 그 후 정조의 신하였던 김조순이 자신의 딸을 순조의 왕비로 만들면서 김조순 가문인 안동 김씨가 조선의 권력을 장악했지.

이후 헌종, 철종의 3대를 이어 60여 년간 안동 김씨, 풍양 조씨와 같은 외척 가문이 권력을 장악하여 정치를 좌지우지하였단다. 세도 정치가 전개된 것이지. 이 시기에는 왕권이 크게 약해지고 정치 기강이 문란해졌어.

세도 가문에게 중요한 것은 나라의 안정이나 백성의 생활이 아니었어. 그들 가문이 부를 쌓고 권력을 이어 가는 것이 무엇보다 중요했지.

세도 정치 시기에는 관직을 사고파는 매관매직이 널리 퍼졌어. 과거를 통해 얻을 수 있는 관직을 돈을 받고 판 것이야. 지방의 수령이 되려면 약 3만 냥 정도를 내야 했는데, 당시 3만 냥은 지금의 가치로 따지면 비싼 아파트 한 채 값 정도 되는 어마어마한 돈이었어. 그렇게 큰돈을 내고 수령이 된 관리는 그보다 많은 돈을 벌기 위해서 백성을 무지막지하게 수탈하는 경우가 많았단다.

수렴청정
임금이 어린 나이로 즉위하였을 때, 왕 대비나 대왕 대비가 이를 도와 정사를 돌보던 일을 말한다.

외척(外 바깥 **외**, 戚 친척 **척**)
어머니 쪽의 친척을 말한다.

강화 도령, 왕이 되다

헌종이 젊은 나이에 세상을 떠난 후 안동 김씨 세력은 강화도에 가족과 함께 유배되어 살고 있던 이원범을 왕위에 앉혔단다.

헌종이 왕위를 이을 아들을 남기지 못하고 일찍 죽자 조정에서는 왕족 중에 왕위를 이을 사람을 찾았어.

사도 세자의 후손이었던 이원범을 궁에 들어오게 했지.

강화 도령 이원범은 철종으로 즉위하였어.

세도 정치로 힘든 백성을 위해 철종은 개혁을 하고 싶어 했지.

하지만 철종은 안동 김씨 세력에 막혀 힘을 쓰지 못했어.

결국 철종은 서른셋의 나이로 생을 마감하였어.

삼정이 문란해지다

세도 정치 시기 관리들은 백성에게 말도 안 되는 세금을 거두어 재산을 늘렸어. 당시 국가 재정의 기본이 되는 세금으로는 전정(전세)과 군정(군포)이 있었고, 원래 가난한 사람을 구제하기 위해 시행되었던 환곡도 세금처럼 바뀌었단다. 이를 '삼정'이라고 하였는데, 관리들의 수탈로 삼정이 크게 문란해졌어.

문란(紊 어지러울 **문**, 亂 어지러울 **란**)
도덕, 질서, 규범 따위가 어지러워지는 것을 말한다.

삼정의 문란

황무지에 세금을 매기거나 정해진 것 이상의 토지세를 거두었다.

군정 대상이 아닌 사람에게 군포를 징수하거나 도망간 이웃의 군포를 징수하였다.

못 먹을 정도의 쌀을 강제로 떠넘기고 가을에 비싼 이자를 붙여 갚게 했다.

| 세도 정치와 삼정의 문란 |

❶ 순조, 헌종, 철종 3대를 이어 60여 년간 ⬚⬚ 정치가 전개되었어.

❷ 세도 정치 시기 관리들의 부정부패로 관직을 사고파는 ⬚⬚⬚⬚ 이 널리 퍼졌어.

❸ 세도 정치 시기 전정, 군정, 환곡의 ⬚⬚ 이 문란해져 백성의 삶이 매우 힘들어졌어.

---

1 다음 ㉠에 들어갈 조선의 왕을 쓰시오.　　　　　　　　　　　(　　　　　　　)

> 헌종이 아들 없이 승하하자 권력을 잡고 있던 외척 가문은 왕족 중에서 자신들이 좌지우지할 수 있는 사람을 왕위에 올리고자 하였다. 이에 강화도에서 농사를 지으며 강화 도령이라고 불렸던 이원범을 왕위에 올렸는데, 그가 바로 ⬚ ㉠ ⬚ 이다.

2 다음 대화를 통해 알 수 있는 세도 정치 시기의 폐단을 쓰시오.

이제 태어난 지 백일도 안 된 아이에게 관리가 군포를 내라고 하네.

지난 봄에 억지로 떠맡은 환곡 이자를 갚아야 하는데 어떻게 해야 할지……

저기 농사도 지을 수 없는 돌밭에도 세금을 내라고 하는구나.

_____

_____

한국사능력검정시험 기출

3 (가)에 들어갈 제도로 옳은 것은?　　　　　　　　　　　(　　　　　　　)

(가) 때문에 살 수가 없네. 요즘에는 억지로 곡식을 빌려주고 비싼 이자를 받아 간단 말이야.

세도 정치가 시작되고 더욱 심해졌어. 우리처럼 굶주리는 백성을 돕기 위한 제도 였는데 오히려 괴롭히는군.

① 납속
② 환곡
③ 과전법
④ 호패법

정답 확인　오늘 나의 실력은?　확인

마무리 학습

도전! 한국사능력검정시험

영조와 정조가 어떠한 개혁 정치를 펼쳤는지 알아보고, 이후 세도 정치 시기에
백성이 어떠한 고통을 겪었는지 정리해 보자.

공부한날

월

일

붕당 정치의 변질

예송	환국 정치	
• 예법을 어떻게 풀이할지를 놓고 논쟁이 벌어짐. • 효종과 효종 비가 죽은 후 효종의 어머니가 상복을 입는 기간에 대한 서인과 남인 간의 입장 차이로 대립함.	• 숙종이 남인과 서인에게 번갈아가며 권력을 몰아줌. • 왕권은 강화되었지만 집권 붕당이 계속 바뀜에 따라 집권 붕당은 상대 붕당을 몰아내고 보복함.	붕당 정치의 변질

영조의 개혁 정치

★탕평책 실시	• 배경: 조선 후기 관리들이 서로 편을 나누어 대립함. • 내용: 여러 붕당에서 골고루 인재를 선발하고, 탕평비를 세움. • 결과: 붕당의 대립을 약화시키고, 왕권을 강화함.
균역법 실시	군역 대신 내야 했던 군포를 절반으로 줄여 줌.

정조의 개혁 정치

탕평책 실시	영조의 탕평책을 이어받아 강력한 탕평책을 실시함.
규장각 설치	개혁을 뒷받침할 인재를 기르는 학문 연구 기관인★규장각을 설치함.
장용영 설치	왕의 친위 부대인★장용영을 설치하여 왕권을 강화하고자 함.
수원 화성 건설	★수원에 화성을 건설하여 군사와 상업의 중심지로 만들고자 함.

세도 정치와 삼정의 문란

세도 정치	★삼정의 문란
• 순조부터 철종까지 60여 년 동안 외척 가문이 권력을 독점하여 정치를 주도함. • 일부 가문의 권력 독점으로 왕권이 크게 약화됨. 	• 전정(전세)의 문란: 원래 세금보다 많은 세금을 부과함. • 군정(군포)의 문란: 어린아이나 죽은 사람의 세금도 내도록 강요함. • 환곡의 문란: 높은 이자를 붙여 갚도록 강요함.

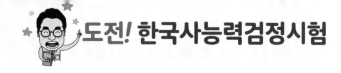
1 다음 가상 대화 이후 전개된 사실로 옳은 것은?
( )

효종께서는 둘째 아들이셨으므로 자의 대비께서는 1년 동안 상복을 입으셔야 합니다.

왕의 예와 사대부의 예는 다릅니다. 대비께서는 3년 동안 상복을 입으셔야 합니다.

서인 남인

① 환국이 발생하였다.

② 기묘사화가 일어났다.

③ 『경국대전』이 완성되었다.

④ 수양 대군이 권력을 장악하였다.

2 밑줄 그은 '왕'의 재위 기간에 있었던 사실로 옳은 것은?
( )

왕이 정국을 주도하기 위해 집권 붕당을 급격하게 교체하는 과정에서 여러 차례 환국이 발생하였어.

거듭된 환국의 결과 특정 붕당에게 권력이 집중되기도 하였지.

① 무오사화가 발생하였다.

② 서인이 노론과 소론으로 나뉘었다.

③ 훈구 세력이 중앙 정계를 주도하였다.

④ 사림이 중앙 관직에 진출하기 시작하였다.

3 (가)에 들어갈 내용으로 옳은 것은? ( )

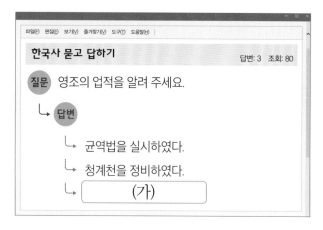

파일(F) 편집(E) 보기(V) 즐겨찾기(V) 도구(T) 도움말(H)

한국사 묻고 답하기 답변: 3 조회: 80

질문 영조의 업적을 알려 주세요.

↳ **답변**

↳ 균역법을 실시하였다.

↳ 청계천을 정비하였다.

↳ (가)

① 탕평비를 세웠다.

② 우산국을 정벌하였다.

③ 세도 정치를 전개하였다.

④ 6조 직계제를 시행하였다.

4 다음 퀴즈의 정답으로 옳은 것은? ( )

우리 역사 퀴즈 대회

조선 후기 영조가 백성의 군포 부담을 줄여 주기 위해 시행한 제도로, 2필씩 내던 군포를 1필로 줄여 주었습니다. 이 제도는 무엇일까요?

①
진대법

② 영정법

③
대동법

④
균역법

5 밑줄 그은 '이 왕'의 업적으로 옳은 것은?

( )

① 규장각을 설치하였다.
② 4군 6진을 개척하였다.
③ 전국을 8도로 나누었다.
④ 『속대전』을 편찬하였다.

6 밑줄 그은 '왕'이 추진한 정책으로 옳은 것은?

( )

① 홍문관을 설치하였다.
② 탕평비를 건립하였다.
③ 서얼 출신을 등용하였다.
④ 『경국대전』을 반포하였다.

7 다음 탐구 주제에 관한 학생들의 대화 내용으로 옳지 <u>않은</u> 것은? ( )

8 (가)에 들어갈 정답으로 옳은 것은? ( )

① 공납   ② 환곡
③ 책화   ④ 군정

다음은 한국사능력검정시험에 자주 출제되는 핵심 용어를 뽑아 구성한 가로세로 퍼즐이다. 공부한 내용을 떠올리며 퍼즐을 완성해 보자.

가로 열쇠

❶ 영조의 아들이자 정조의 아버지로, 영조가 내린 시호로 ○○ ○○라고 불렸다.

❷ 영조의 뒤를 이어 왕위에 오른 왕이다.

❸ 숙종 때 서인과 남인에게 번갈아가며 권력을 몰아주는 ○○이 일어났다.

❹ 세도 정치기에 국가 재정의 바탕인 전정, 군정, 환곡의 ○○이 크게 문란해졌다.

❺ 정조가 자신의 개혁을 뒷받침할 인재를 기르고자 만든 왕실 도서관이다.

❻ 정조의 할아버지이며, 탕평책을 실시하였다.

세로 열쇠

❶ 사도 세자의 후손이었던 철종이 왕이 되기 전에 유배되어 지내던 곳이다.

❷ 순조부터 철종까지 60여 년 동안 외척 가문이 권력을 독점하는 ○○ ○○가 전개되었다.

❸ 정조가 죽고 순조가 어린 나이에 왕이 되자 왕의 장인인 ○○○이 권력을 잡았다.

❹ 가난한 백성에게 봄에 곡식을 빌려주고 가을에 약간의 이자와 함께 돌려받는 제도를 말한다.

❺ 군포로 거두어들이는 세금을 말한다.

❻ 정조가 왕권 강화를 위해 설치한 군대이다.

1주 5일

1. 조선 사회의 새로운 움직임

조선 후기의 시장은
어떤 모습이었을까?

다음은 조선 후기 시장의 모습이다. 숨은 그림을 찾아 동그라미 해 보자.

숨은 그림

큰별쌤의 영상

그림에 숨어 있는 조선 후기의 경제와 관련된 모습을 잘 찾아보았니?

조선 후기에는 모내기법 확산과 상품 작물 재배로 농업 생산력이 크게 향상되었지. 농업의 발달과 도시 인구의 증가로 상업도 활발해졌어. 전국 각지에 장시가 들어서 여러 물품이 거래되었지.

그럼 조선 후기에는 어떤 작물들이 재배되었고, 그것들을 사고파는 시장의 모습은 어땠는지 함께 알아보자.

모내기법을 적극적으로 활용하다

왜란과 호란을 거치며 백성은 많은 것을 잃었어. 하지만 백성은 포기하지 않고, 망가진 토지를 다시 개간하고 생산량을 늘리기 위한 농사법을 적극적으로 활용했어. 그래서 나라에서 금지했던 모내기법으로 농사를 지었지.

모내기법의 장점은 무엇인가요?

모내기법의 보급으로 잡초를 뽑는 일손이 줄어들고 쌀과 보리의 이모작이 가능해졌지.

 나라에서는 왜 모내기법을 금지했을까요?

모내기법은 볍씨를 바로 땅에 뿌리는 것이 아니라 볍씨를 일정 기간 모판에 미리 키운 다음 어느 정도 자란 모를 논에다 옮겨 심는 농사법이야. 하지만 비가 오지 않아 가뭄이 들어 땅이 마르면 한해 농사를 망칠 수 있었기 때문에 나라에서는 모내기법을 금지했지.

농민들은 이러한 문제가 생기지 않도록 곳곳에 저수지를 만들어 가뭄에 대비했어. 이런 노력의 결과 조선 후기에는 모내기법이 전국으로 확대되고 농업 생산량이 크게 늘어났어. 일부 농민들은 모내기법으로 논농사에 드는 노동력이 줄자, 넓은 땅을 경작해 부유한 농민이 되기도 했단다.

한편 전쟁은 농사법뿐만 아니라 재배하는 작물에도 변화를 가져왔어. 이전까지 농업은 나와 가족들을 먹여 살리기 위한 것이었으나 임진왜란 이후 상품으로 팔기 위한 인삼, 담배, 목화 등의 상품 작물을 재배하기 시작했단다.

상품 작물
시장에 내다 팔기 위해 재배하는 농작물을 말한다.

전국 곳곳에 장시가 들어서다

조선 후기에는 누구나 자유롭게 장사를 할 수 있게 되었고, 물건을 사고파는 전국 곳곳의 장시는 더욱 활기를 띠었단다.

한강 주변의 **경강상인**, 개성의 **송상**, 의주의 **만상**, 동래의 **내상**과 같이 각 지역을 중심으로 활동하는 상인들은 거상으로 성장하기도 하였지.

그리고 전국에 장시가 늘어나자 여러 장시를 돌아다니며 물건을 파는 **보부상**의 활동 범위가 넓어져. 보부상은 봇짐장수인 보상, 등짐장수인 부상을 합쳐서 부르는 말이란다.

이렇게 상업이 발달하면서 무거운 곡식이나 옷감 대신 편하게 사용할 수 있는 동전인 **상평통보**가 널리 사용되었어.

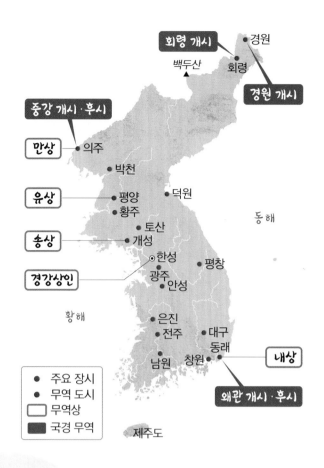

물건을 사고파는 일이 늘어났는데, 상평통보라는 화폐를 사용하니 거래하기가 편하군!

물건을 사고파는 데는 물론 품삯, 세금 등도 동전으로 내는 일이 점차 많아졌단다.

조선 후기에 와서는 경제생활의 모습이 더욱 다양해졌어!

그림으로 보는 조선 후기 경제생활

▲「경직도」일부
논농사에 모내기법이 확산되었음을 알 수 있다.

▲「장터길」(김홍도)
전국 각지에 장시가 생겨나면서 일정한 날짜에 일정한 장소에서 물건을 사고팔았다. 말 등에 실은 짐이 남아 있지 않은 것으로 보아 물건을 다 팔고 돌아가는 모습임을 추측할 수 있다.

▲「담배 썰기」(김홍도)
조선 후기에 담배와 같은 상품 작물을 키워서 팔았음을 알 수 있다.

| 조선 후기 상품 화폐 경제의 발달 |

❶ ☐☐☐☐ 은 볍씨를 일정 기간 모판에 키운 다음 모를 논에다 옮겨 심는 농사법이야.

❷ 시장에 내다 팔기 위해 인삼, 목화와 같은 ☐☐ 작물을 재배하는 농민들도 생겨났어.

❸ 조선 후기 상업이 발달하면서 화폐인 ☐☐☐☐ 가 전국적으로 사용되었어.

---

1 다음에서 설명하는 농사 방법은 무엇인지 쓰시오.　　　　　　(　　　　　　　)

> 볍씨를 모판에 길러서 논에 옮겨 심는 방법으로, 조선 후기에 수리 시설이 개선되면서 전국으로 확산되었다. 이 농사 방법의 보급으로 농업 생산량이 크게 늘었다.

2 조선 후기 상인들의 활동 모습을 바르게 선으로 연결하시오.

(1) 송상　　　　　　(2) 내상　　　　　　(3) 경강상인

ㄱ 조선 후기에 한강을 중심으로 활동한 상인이다.

ㄴ 개성 지역에서 활동한 상인으로 인삼 등을 팔아 돈을 벌었다.

ㄷ 동래 지역을 중심으로 활동하며 일본 상인과도 거래하였다.

3 다음 가상 광고를 통해 알 수 있는 시기의 모습으로 옳은 것은?　　(　　　)

추석맞이 큰 장터

보부상들이 가져온 다양한 상품 판매!
상평통보 사용을 환영합니다.

① 목화가 처음 재배되었다.
② 골품제라는 신분 제도가 있었다.
③ 팔관회가 국가적으로 크게 열렸다.
④ 모내기법이 전국적으로 보급되었다.

정답 확인

오늘 나의 실력은?　확인

신분제는 왜 흔들렸고 조선 시대 여성은 어떤 삶을 살았을까?

다음은 조선 시대의 인물을 나타낸 카드이다. 초성 힌트를 보고, 카드의 주인공이 누구인지 □□□□□ 안에 써 보자.

카드 앞면

카드 뒷면

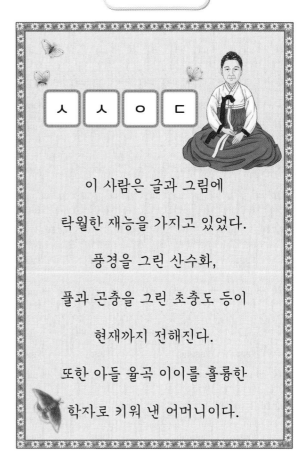

ㅅ ㅅ ㅇ ㄷ

이 사람은 글과 그림에
탁월한 재능을 가지고 있었다.
풍경을 그린 산수화,
풀과 곤충을 그린 초충도 등이
현재까지 전해진다.
또한 아들 율곡 이이를 훌륭한
학자로 키워 낸 어머니이다.

고려 시대의 여성은 남성과 차별 없이 재산을 상속받고 제사를 지냈으며, 재혼도 할 수 있었지. 이와 같은 여성의 지위는 조선 전기까지는 이어졌어.

그러다가 조선 중기 이후 유교 질서가 더욱 강화되면서 여성의 지위는 점차 낮아졌단다. 유교의 영향으로 남녀가 다르다는 것을 강조하였고, 조선 전기에서 후기로 가면서 여성에 대한 차별과 제약은 더욱 강해졌지.

그럼 조선 시대에 훌륭한 업적을 남긴 여성을 살펴보면서 당시 사회의 모습과 조선 시대 여성의 삶을 이해해 보자. 더불어 조선의 신분제가 어떻게 흔들렸는지도 함께 알아보자.

신분제가 흔들리다

조선의 양반 중심 신분제는 잇달아 벌어진 전쟁을 겪으며 큰 변화를 겪는단다. 신분은 양반이어도 오랫동안 벼슬에 나아가지 못하거나 가난해지면서 몰락한 양반들이 등장하기도 했지.

반면에 부유해진 일부 상민들은 나라에서 이름을 비워 두고 판매한 관직 임명장인 공명첩을 사거나 족보를 사서 양반이 되기도 했어. 천민들 역시 전란 때 공을 세워서 신분이 상승하거나 나라에 돈을 내고 천민의 신분에서 벗어나기도 했지.

결국 조선 후기에는 양반의 수가 크게 늘었고, 수가 많아진 만큼 그 권위도 예전만하지는 못했단다.

관직 임명장에 이름이 안 적혀 있었다고요?

이름 쓰는 곳

공명첩은 관직을 줄 사람의 이름을 비워 둔 임명장이야. 곡식을 내면 이름이 빈 관직 임명장에 이름을 써서 주었지. 실제로 관직에 나아가진 않지만, 공명첩으로 양반 행세가 가능해진 거야.

조선 시대 여성의 삶

조선 시대 여성들은 어떻게 살았을까? 조선 전기까지 여성들은 고려 시대와 마찬가지로 가정에서 남성과 큰 차별이 없는 대우를 받았어. 하지만 시간이 지나면서 성리학을 바탕으로 남성 중심의 질서가 강화되었고, 남성과 여성의 역할을 분명하게 구분했지.

조선 후기에 들어와 여성들은 바느질 등 집안일 위주의 교육을 받았단다. 또, 혼례 후 남편의 집으로 가서 생활하면서 남편의 가족을 중심으로 생활했지. 제사는 큰아들이 지내야 한다는 인식이 확산되었고, 재산 상속에서도 아들이 딸보다 우대를 받았어.

이렇듯 조선 후기에는 남성 중심의 사회 모습이 더욱 강화되었단다.

조선 시대에 능력을 발휘한 여성들

조선 시대에 대부분의 여성은 사회 활동에 참여하지 못하였지만 훌륭한 업적을 남긴 여성들도 있단다.

신사임당

조선 중기 신사임당은 글씨와 그림 등 다양한 작품을 남긴 뛰어난 예술가였어.

어려서부터 글과 그림에 재능을 보이자 그의 부모는 그녀가 교육받을 수 있도록 도왔어.

신사임당이 그린 「초충도」는 마치 살아 있는 그림 같아서 닭도 속아 그림 속 벌레를 쪼았다고 해.

신사임당은 결혼 후 자녀를 훌륭하게 키운 것 외에도 예술 활동을 계속 이어 나갔지.

신사임당의 「초충도」

초충도는 풀과 벌레를 소재로 한 그림을 말해. 신사임당의 작품으로 전해지는 「초충도」는 8작품으로, 풀과 벌레뿐만 아니라 채소, 과일, 꽃, 새 등도 함께 그렸지. 신사임당의 그림은 섬세한 표현과 색감이 돋보인단다.

김만덕

김만덕은 제주에 살았던 조선 후기의 여성 사업가이자 사회 활동가였단다.

김만덕은 어려서 부모를 잃고, 어른이 되어 장사를 하여 큰돈을 모았어.

한편, 제주에 큰 흉년이 들면서 많은 제주 백성이 굶게 되었지.

김만덕은 그동안 모은 돈으로 쌀을 사서 굶주린 백성에게 나누어 주었어.

빙허각 이씨

빙허각 이씨는 『규합총서』를 편찬한 조선 최초의 여성 실학자라고 할 수 있단다.

빙허각 이씨는 어려서부터 책을 좋아하고 매우 총명하였어.

실학을 중시한 가문에서 태어난 그는 양반이었지만 실생활에서 직접 경험을 쌓았지.

많은 책을 읽고 경험을 덧붙여 가정 백과사전이라고 할 수 있는 『규합총서』를 편찬하였어.

실학
현실 세계의 문제를 해결하고자 연구한 학문을 말한다.

| 신분제의 동요와 조선 시대 여성의 삶 |

❶ 조선 후기에 부유한 농민들은 [ ] 이나 족보를 사서 양반이 되기도 했어.

❷ [ ] 은 제주에 큰 흉년이 들자 자신의 재산으로 쌀을 사 백성에게 나누어 주었어.

❸ 빙허각 이씨는 실생활에 도움이 되는 내용을 담아 『[ ]』를 편찬했어.

---

1 다음 밑줄 그은 '이것'은 무엇인지 쓰시오.　　　　　　　　　　(　　　　　　　　)

이것은 이름을 적는 공간이 비어 있는 관직 임명장이다. 조선 후기에 부유한 농민들은 곡식을 내고 이것을 사서 양반이 되기도 했다.

---

2 다음에서 설명하는 인물이 누구인지 각각 쓰시오.

(1)

조선 시대의 문인이자 화가, 작가, 시인이다. 우리나라의 5만 원권 지폐에 그려진 인물이다.

(　　　　　　)

(2)

조선 시대의 상인이다. 제주도에 기근이 닥치자 전 재산으로 산 쌀을 기부하여 제주 백성을 도왔다.

(　　　　　　)

한국사능력검정시험 기출

3 다음 가상 인터뷰의 주인공으로 옳은 것은?　　　　　　　　(　　)

조선 시대 제주 출신의 사회 활동가를 만나 보도록 하겠습니다. 당시 활동에 대해 말씀해 주세요.

저는 큰 흉년으로 굶주리는 제주 백성을 위해 쌀을 기부하였습니다. 이 일로 임금님께 칭찬을 받기도 했습니다.

① 김만덕
② 유관순
③ 신사임당
④ 허난설헌

조선 후기에 왜 새로운 종교가 유행하였을까?

 다음은 조선 후기에 새롭게 등장한 종교를 다룬 가상 신문 기사이다. 초성 힌트를 보고, ☐ 안에 들어갈 알맞은 종교는 무엇인지 써 보자.

한국사 신문

새로운 종교가 유행하다

요즈음 백성 사이에 여러 새로운 종교가 유행하고 있다.

중국을 다녀온 사신들을 통해 ㅊ ㅈ ㄱ 가 들어왔는데,

서양에서 들어왔다고 하여 서학이라고도 한다.

점차 상민, 부녀자들에게까지 널리 유행하고 있다.

한편, ㄷ ㅎ 도 사람들 사이에 유행하고 있다.

사람이 모두 평등하다고 하는 사상에 호응하고 있는 것이다.

큰별쌤의 영상

조선 후기 지배층은 백성의 삶을 돌보지 않고 오히려 백성을 수탈하였지. 이런 상황에서 사회가 점점 혼란해지자 백성에게 희망이 되는 종교가 등장하였어. 바로 천주교와 동학이란다.

두 종교 모두 모든 사람은 평등하다고 주장하였어. 지배층의 횡포에 신음하던 백성에게 '평등'은 반가운 말이었겠지? 그래서 천주교와 동학은 백성 사이에서 널리 퍼져 나갔지.

그럼 조선 후기에 유행한 새로운 종교와 사상을 우리 함께 자세히 알아보자.

조선 후기의 백성, 새로운 세상을 꿈꾸다

세도 정치 시기 조선 사회는 무너지고 있었지. 백성 중에서는 더 이상 조선에서 희망을 느끼지 못하고 새로운 세상을 꿈꾸는 사람들이 생겨났단다.

차라리 새로운 세상에서 살고 싶구나……

고통받는 중생을 미륵불이 구제해 준다는 미륵 신앙이 유행하고, 정씨 성을 가진 사람이 왕이 된다는 내용의 예언서인 『정감록』이 널리 퍼지도 했단다.

▲ 『정감록』
이씨 조선이 망한 후 계룡산에서 정씨 성의 도령, 즉 정도령이 나타나 새로운 나라를 건설한다는 내용이 담겨 있는 예언서이다.

천주교가 들어와 널리 퍼지다

17세기 청을 다녀온 사신들이 조선에 천주교를 전했어. 천주교가 처음 들어올 당시에는 종교가 아닌 서양의 학문으로 받아들여져 '서학'이라는 이름으로 불렸지. 그러다가 18세기 후반 서학을 연구하던 일부 학자들을 시작으로 서학이 종교로 받아들여졌단다.

천주교에서는 모든 사람이 신분에 상관없이 평등하다고 주장하였지. 한편 유교에서 중시한 조상에 대한 제사도 거부하였어.

지배층에서는 평등사상을 내세우고 유교 윤리를 부정하는 천주교가 위험하게 느껴졌겠지? 유교를 바탕으로 한 조선의 질서를 뒤흔들어 놓을 수 있으니 말이야. 결국 정부에서는 천주교를 금지하고 탄압했단다.

▼ 천주교를 탄압하는 모습

사람이 곧 하늘, 동학이 등장하다

경주에서는 동학이 일어났어. 경주의 몰락 양반이었던 최제우는 1860년 서학에 대항하여 동학을 창시했지.

최제우는 서학, 즉 천주교는 조선 사회의 전통을 어지럽히고 성리학도 대안을 제시하지 못하기 때문에 새로운 종교가 필요하다고 생각했단다.

유교   불교   도교   민간 신앙

그래서 우리가 대대로 믿어 온 유교, 불교, 도교, 민간 신앙의 장점에 모든 사람은 평등하다는 평등사상을 더한 종교인 동학을 만든 거야.

동학에서는 모든 사람이 신분, 나이, 성별에 따른 차이가 없다고 생각했어. 이 생각은 모든 사람을 하늘처럼 귀하게 여기고 존중해야 한다는 의미를 담은 '사람이 곧 하늘'이라는 인내천 사상으로 발전했지.

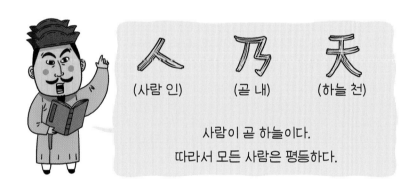

人 (사람 인)   乃 (곧 내)   天 (하늘 천)

사람이 곧 하늘이다.
따라서 모든 사람은 평등하다.

동학은 지금의 어두운 세상이 끝나고 새로운 시대가 열린다고 주장하여 세도 정치 시기를 살아가는 어려운 백성에게 희망을 주었어. 하지만 나라에서는 동학이 신분제 사회인 조선의 사회 질서를 위협해 세상을 어지럽히고 백성을 속인다고 하여 동학을 탄압하고 최제우를 처형했단다.

비록 최제우는 처형되었지만 동학의 교세는 날로 확장되어 생활이 고달팠던 농민들 사이에 널리 퍼졌단다.

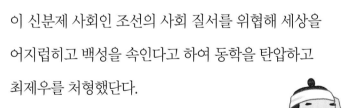

사람은 모두 평등하다!

| 조선 후기 새로운 종교의 유행 |

❶ 조선 후기에는 미륵불이 내려와 민중을 구원한다는 □□ 신앙이 유행했어.

❷ 청을 다녀온 사신들에 의해 조선에 천주교가 □□ 으로 소개되었어.

❸ □□ 은 경주의 몰락 양반이었던 최제우가 창시한 민족 종교야.

---

1 다음 각 사람이 설명하는 종교는 무엇인지 쓰시오.

(1) 17세기 중국을 다녀온 사신을 통해 처음에는 서학으로 소개된 종교야.

(   )

(2) 유교, 불교, 도교, 민간 신앙의 장점에다가 모든 사람은 평등하다는 사상을 더해 만든 종교야.

(   )

2 다음은 동학에 관한 설명이다. ㉠에 들어갈 알맞은 말을 쓰시오. (   )

> 동학에서는 모든 사람은 마음속에 한울님을 모시고 있기 때문에 신분, 나이, 성별에 따른 차이가 없다고 생각했다. 이 생각은 모든 사람을 하늘처럼 귀하게 여기고 존중해야 한다는 의미를 담은 '사람이 곧 하늘'이라는   ㉠   사상으로 발전했다.

한국사능력검정시험 기출

3 밑줄 그은 '이 종교'로 옳은 것은? (   )

여기에서 최제우가 깨달음을 얻었다고 해.

사람을 하늘처럼 섬기라고 가르쳤지.

그는 이 종교를 창시했어.

① 동학
② 실학
③ 원불교
④ 천주교

오늘 나의 실력은?   확인

정답 확인

조선 후기에 농민들은 왜 봉기를 하였을까?

다음은 조선 후기에 봉기를 주도한 어떤 사람이 아들에게 쓴 편지이다. 초성 힌트를 보고, ☐☐☐ 안에 들어갈 사람을 써 보자.

사랑하는 나의 아들에게

이 애비는 지금 정주성에 있단다.

아버지가 돼서 아직 어린 너를 지켜 주지 못하고

바깥에 나와 있으니 마음이 아프구나.

그러나 예전부터 계속된 서북 지방에 대한 차별,

삼정의 문란에 따른 과도한 세금 때문에

더는 버틸 수 없어 농민 봉기를 주도하였단다.

이 아버지를 이해해 주렴.

밥 굶지 말고, 건강하길 바란다.

1812년, 너의 아버지 ㅎ ㄱ ㄹ 가

정답: ☐ ☐ ☐

세도 정치로 왕권이 약해지면서 관리들은 나태해졌고 삼정의 문란도 점점 더 심각해졌어. 시간이 지날수록 백성의 고통은 커져 갔단다.

평안도의 몰락 양반이었던 홍경래는 삼정의 문란에 따른 어려움과 서북 지방에 대한 지역 차별에서 벗어나기 위해 농민 봉기를 일으켰어. 가난한 농민과 광산 노동자 등이 이 봉기에 참여하였지.

그럼 세도 정치 시기에 전개된 농민 봉기 과정을 살펴보고, 농민 봉기에 참여한 사람들의 마음을 우리 함께 헤아려 보자.

홍경래, 서북 지방 차별에 반대하며 봉기하다

세도 정치 시기 삼정의 문란으로 백성이 많은 고통을 겪었다고 했지? 상황은 해결될 기미가 없고 오히려 관리들의 횡포가 점점 심해지자 백성도 더 이상 참고 있을 수 없었어. 그래서 일부 백성은 관리들의 부정을 고발하고 세금을 내지 못하겠다고 버텨 봤지만 바뀌는 것은 없었지.

더는 버틸 수가 없구나! 이제 봉기를 일으킬 시간이 왔다!

1811년 나라에 극심한 흉년이 들어 백성의 삶이 더 힘들어지자, 평안도에서 **홍경래**는 세도 정권을 무너뜨리는 것을 목표로 사람들을 모아 농민 봉기를 일으켰어.

평안도 사람들은 나라의 변두리 지역이라는 이유로 중앙으로부터 오랫동안 차별을 받았기 때문에 불만이 컸지.

홍경래의 난에는 몰락한 양반, 상공업으로 부자가 된 신흥 상공업자, 가난한 농민, 광산 노동자 등 다양한 사람들이 참여했단다.

조정에서는 서쪽 땅을 더러운 흙처럼 대했다. 심지어 권세 있는 가문의 노비들조차 서쪽 땅 사람들을 보면 '평안도 놈'이라고 일컫는다. 지금 임금이 나이가 어린 까닭으로 권세 있는 간신배가 그 세를 날로 떨치고 김조순, 박종경의 무리가 국가 권력을 마음대로 갖고 놀아 어진 하늘이 재앙을 내린다.

홍경래와 봉기군은 서북 지역을 빠르게 점령해 나갔어. 나라에서는 홍경래의 난을 진압하기 위해 대규모 군대를 파견했지. 관군의 거센 공격으로 홍경래의 봉기군은 패전을 이어 가다 정주성으로 물러나 4개월간 싸웠단다.

그러나 관군이 성을 둘러싸고 공격하여 봉기군을 비롯한 정주성의 무고한 백성까지 목숨을 잃었어. 이렇게 홍경래의 난은 진압되고 말았단다.

세도 정치기에 관리들은 백성을 수탈하였어.

홍경래는 평안도 지역에서 난을 일으켰지.

봉기군은 세력을 크게 떨쳤어.

홍경래 무리는 서북 지역 여러 곳을 점령하였지.

하지만 관군에 의해 결국 난이 진압되고, 홍경래는 숨졌어.

홍경래의 난은 실패했지만 이후 농민 봉기에 큰 영향을 주었지.

농민들의 처절한 외침, 임술 농민 봉기가 일어나다

홍경래의 난 이후에도 크게 달라진 것은 없었어. 삼정의 문란과 관리들의 부정부패로 백성의 삶은 여전히 고달팠지. 꾹꾹 참고 있던 농민들은 더 이상 버티지 못하고 1862년에 봉기를 일으켰어. 1862년은 임술년이라서 이 해에 일어난 농민 봉기를 모두 묶어 **임술 농민 봉기**라고 해.

농민 봉기의 시작은 경상도 진주였어. 이 지역의 지방관으로 부임한 백낙신은 1년도 안 되는 기간 동안 온갖 방법을 동원해 지역의 백성을 수탈했어. 진주에 살던 몰락 양반 유계춘이 여러 차례 관리의 부당한 수탈을 나라에 고발했지만 번번이 무시당하자 뜻이 같은 농민들을 모아 봉기를 일으켰지.

이제 참을 만큼 참았소! 다 같이 일어납시다!

정부에서는 관군을 보내 봉기군을 진압하고 백낙신을 귀양 보내는 것으로 마무리하고자 했어. 그러나 시간이 지나면서 진주에서 시작된 농민 봉기는 북쪽으로 함흥, 남쪽으로 바다 건너 제주도까지 확산되었지.

정부도 삼정의 문란을 해결하기 위해 **삼정이정청을** 설치하고 개혁안을 마련하였으나 큰 성과를 거두지는 못했지.

이 시기의 농민 봉기는 제도 개혁과 같은 근본적인 문제 해결로 이어지지는 못하였지만, 농민의 사회의식이 성장하는 계기를 마련하였단다.

삼정이정청
철종 때 삼정의 문란을 바로잡기 위하여 설치한 임시 관청이다.

| 조선 후기의 농민 봉기 |

❶ [ ][ ][ ]의 난은 가혹한 세금 수탈과 서북 지방에 대한 차별이 원인이 되어 일어났어.

❷ 백낙신의 횡포에 반발해 유계춘이 중심이 되어 [ ][ ]에서 농민 봉기가 일어났어.

❸ 진주 농민 봉기를 시작으로 전국으로 봉기가 확산되었는데 이를 [ ][ ] 농민 봉기라고 해.

1 다음 지도의 (가) 지역에서 일어난 농민 봉기를 주도한 인물을 쓰시오.　　　(　　　　　　　　)

2 임술 농민 봉기에 관해 옳게 설명한 사람의 이름을 쓰시오.　　　(　　　　　　　　)

평안도민에 대한 차별이 봉기의 주된 배경이야.

민아

정부는 이 사건을 계기로 삼정이정청을 설치하기도 하였어.

우진

홍경래가 농민 등을 모아 일으킨 봉기야.

승환

한국사능력검정시험 기출

3 다음 가상 대화가 이루어진 시기의 상황으로 옳은 것은?　　　(　　　　　　　　)

홍경래의 격문 좀 보시게나. 이제 우리도 가만히 있을 순 없네.

맞아. 우리 평안도 사람은 그동안 너무 무시당했지.

우리도 함께하세!

① 천태종이 창시되었다.
② 교정도감이 설치되었다.
③ 세도 정치가 전개되었다.
④ 원종과 애노의 난이 일어났다.

정답 확인

오늘 나의 실력은?　확인

조선 후기에 들어와 경제·사회적으로 큰 변화가 나타났어. 어떤 경제·사회적 변화가
나타났는지 살펴보고, 조선 후기에 일어난 농민 봉기들을 정리해 보자!

경제 활동의 변화

농업의 변화	• 새로운 농사법인 ★모내기법이 전국으로 보급됨. • 인삼, 담배, 목화 등 상품 작물을 재배함.
상업의 변화	• 여러 물건을 사고파는 ★장시가 발달함. • 상인이 크게 증가하고 상평통보와 같은 화폐가 널리 사용됨.

신분제 동요와 여성의 삶

신분제 동요	• 소수 양반이 권력을 장악하고, 몰락 양반은 농민과 같은 처지로 전락함. • 부유해진 일부 상민들은 공명첩을 구입하거나 족보를 위조해 신분을 상승시킴.

	★신사임당(1504~1551)	김만덕(1739~1812)	빙허각 이씨(1759~1824)
여성의 삶	글씨와 그림에 재능이 있었으며, 「초충도」 등을 그림.	제주도에 흉년이 들자 개인 재산으로 백성을 도움.	실생활에 도움이 되는 백괴시전인 『규합총서』를 편찬함.

새로운 종교의 발달

천주교	동학
• ★인간은 모두 평등하다고 주장함. • 제사를 거부하고 신분 질서를 부정하여 정부로부터 탄압을 받음.	• 서학에 반대하여 최제우가 창시함. • ★인내천 사상을 내세움. • 최제우가 처형되고, 정부로부터 탄압을 받음.

농민 봉기의 발생

구분	★홍경래의 난	★임술 농민 봉기
배경	세도 정치 시기 관리들의 부정부패와 서북 지방에 대한 차별	세도 정치 시기 관리들의 부정부패
과정	홍경래가 평안도민을 이끌고 봉기 ➡ 청천강 이북 지역 장악 ➡ 정부군에 의해 정주성에서 진압	진주 지역 관리인 백낙신의 부정부패 ➡ 진주 지역 농민들이 관아로 몰려가 탐관오리를 몰아냄.
영향	이후 농민 봉기에 영향을 줌.	전국으로 농민 봉기가 확산됨.

1 (가)에 들어갈 내용으로 옳지 <u>않은</u> 것은? ( )

> 조선 후기 경제 상황에 관해 이야기해 보자.

> 모내기법이 전국으로 확대되었어.

> (가)

① 상평통보가 널리 유통되었어.
② 장시가 전국 곳곳에서 열렸어.
③ 벽란도에서 송과의 무역이 이루어졌어.
④ 송상, 내상, 경강상인 등이 활발하게 활동했어.

2 (가)에 들어갈 말로 옳은 것은? ( )

문화유산 카드

(가)

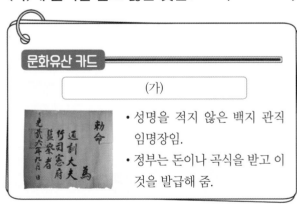

• 성명을 적지 않은 백지 관직 임명장임.
• 정부는 돈이나 곡식을 받고 이것을 발급해 줌.

① 호패
② 호적
③ 마패
④ 공명첩

3 다음 인물 카드의 (가)에 들어갈 그림으로 옳은 것은? ( )

(앞면)

(가)

(뒷면)

• 어린 시절부터 글과 그림에 재능이 있었음.
• 풀, 벌레, 꽃 등을 소재로 하는 그림을 남김.
• 아들이 율곡 이이임.

①
김만덕

②
유관순

③
신사임당

④
허난설헌

4 다음 가상 인터뷰의 주인공으로 옳은 것은?
( )

조선 시대 제주도에서 일어난 큰 흉년을 극복하는 데 기여한 제주도의 사업가를 만나 보겠습니다.

이번 제주도의 흉년은 굶어 죽는 사람이 나올 정도였습니다. 저는 사업으로 번 돈으로 육지에서 쌀을 사 제주 백성을 위해 기부하였습니다.

① 논개　　　　② 김만덕
③ 신사임당　　④ 허난설헌

5 밑줄 그은 '이 종교'로 옳은 것은? ( )

이곳은 경주 용담정으로 최제우가 깨달음을 얻은 곳이라고 전해집니다. 최제우는 이 종교를 창시하고 사람을 하늘처럼 섬기라고 가르쳤어요.

① 동학　　　　② 대종교
③ 원불교　　　④ 천주교

6 다음 가상 뉴스에서 보도하고 있는 사건에 관한 설명으로 옳은 것은? ( )

홍경래 주도로 평안도에서 난이 일어났습니다. 농민, 노동자, 몰락한 양반 등 다양한 계층이 동참한 것으로 보이며, 이들은 청천강 이북 지역에서 세력을 키워 가고 있습니다.

홍경래, 평안도에서 난을 일으켜

① 무신 집권기에 발생하였다.
② 청의 군대에 의해 진압되었다.
③ 서경 천도와 금국 정벌을 주장하였다.
④ 서북 지역민에 대한 차별에 반발하여 일어났다.

7 다음 학생이 생각하고 있는 사건으로 옳은 것은? ( )

조선 후기에 일어난 사건이야.

삼정의 문란과 지배층의 수탈이 원인이었어.

진주 농민 봉기를 시작으로 전국으로 확산되었어.

① 만적의 난
② 이자겸의 난
③ 임술 농민 봉기
④ 망이·망소이의 난

다음 글자판에는 한국사능력검정시험에 자주 출제되는 핵심 용어가 숨어 있다.
공부한 내용을 떠올리며 숨은 낱말을 찾아 ○표 해 보자.

상	연	천	북	임	공	학	의	진
유	평	발	정	진	명	대	동	주
조	선	통	신	왜	첩	성	균	농
관	순	사	보	란	정	약	용	민
여	임	자	명	종	소	동	학	봉
당	나	귀	천	주	교	펭	수	기
홍	경	래	균	역	법	김	다	운
확	이	순	신	민	만	통	효	선
장	우	진	사	덕	랑	닭	해	탕

숨은 낱말

1 이름을 적는 공간이 비어져 있는 관직 임명장이다.

2 조선 시대의 화폐로, 조선 후기 상공업 발달과 함께 널리 사용되었다.

3 제주에 살았던 여성 사업가로, 전 재산을 기부해 제주 백성을 도왔다.

4 19세기에 평안도 차별에 대항하여 농민 봉기를 주도한 사람이다.

5 청을 다녀온 사신에 의해 전해진 종교로, 처음에는 '서학'이라고 불렸다.

6 백난신의 수탈에 저항하여 진주에서 일어난 농민 봉기이다.

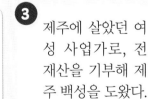

조선 최초의 신도시는 어떻게 만들어졌을까?

 다음은 조선 정조 때 수원에 화성을 건설하는 모습을 담은 그림이다. 힌트 를 참고하여 그림에서 '거중기'와 '녹로'를 찾아 동그라미 해 보자.

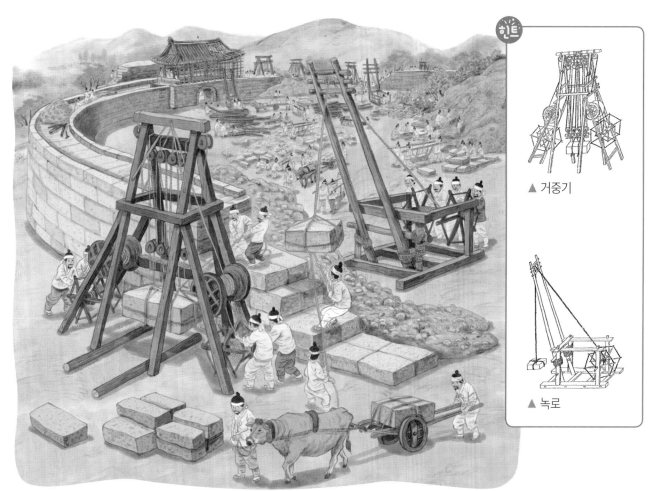

힌트

▲ 거중기

▲ 녹로

수원 화성은 정조가 건설한 신도시란다.

정조는 이 신도시를 보호하기 위해 성곽을 건설하였지. 수원 화성은 우리나라의 성곽이 가지고 있던 문제점을 보완하고 다른 나라 성의 좋은 점을 받아들여 건설하였어.

정약용이 설계한 거중기와 녹로 등 당시로서는 첨단 장비들을 화성을 건설하는 데 사용하였단다.

그럼 정조가 왜 수원 화성을 건설했는지, 수원 화성은 어떻게 지어졌는지 우리 함께 자세히 알아보자.

큰별쌤의 영상

정조의 꿈이 깃든 수원 화성

정조는 아버지 사도 세자의 무덤을 수원으로 옮기고, 수원에 화성을 쌓기 시작했단다. 당시 정권을 잡고 있던 노론의 세력이 강하게 나타나던 수도 한성에서 벗어나 백성을 위한 정치를 마음껏 펼치기 위해서였지.

정조는 수원 화성에 왕의 친위 부대인 장용영을 배치하고 백성들이 풍요롭게 살 수 있도록 농업과 상업을 발달시켰단다.

첨단 기술을 활용하여 성을 쌓다

정조는 신도시 화성을 보호하기 위한 성곽을 짓고자 했어.

정약용, 자네가 설계를 맡아 주게!

정조의 명령을 받은 정약용은 우리나라 성곽의 장단점을 살펴보고 중국과 서양의 기술을 접목하여 화성을 설계하였단다. 또한 청에 들어와 있던 서양의 과학 기술 책을 연구하여 성을 쌓을 때 이용할 새로운 기계들을 만들었지. 대표적으로 거중기, 유형거, 녹로 등이 있어.

거중기는 도르래를 이용해 물건을 들어 올리는 기계로, 작은 힘을 이용하여 무거운 돌을 옮길 수 있었지. 유형거는 저울의 원리를 이용하여 무거운 것을 쉽게 옮기는 수레이고, 녹로는 도르래와 물레를 이용해 물건을 쉽게 들어 올릴 수 있도록 한 도구란다.

배다리

정약용은 수원 화성 성곽을 설계했을 뿐만 아니라 배다리를 만들기도 했어. 배다리는 수십 척의 배를 띄워 놓고 그 위에 나무판 같은 것을 연결해 한강을 가로지를 수 있도록 한 거야. 화성을 쌓을 때 이 배다리를 이용하였단다.

◀ 거중기

▼ 녹로

▼ 유형거

수원 화성의 이모저모

수원 화성은 군사적·기능적으로 우수하면서 그 모습도 매우 아름답단다. 수원 화성에는 어떠한 곳들이 있는지 살펴볼까?

화성 행궁 행궁은 왕이 임시로 머무는 별궁이다. 정조가 사도 세자의 무덤에 참배하러 갈 때마다 이곳에 머물렀다.

장안문 화성의 북쪽 문으로, 장안은 수도라는 뜻과 함께 백성의 편안을 의미한다.

서장대 '장대'는 장수가 군사를 지휘하는 곳으로, 팔달산 정상에 위치하여 화성의 안팎이 모두 한눈에 들어온다.

방화수류정 주변을 감시하고 군사를 지휘하는 곳이며, 주변 경관과 조화를 이룬 정자 역할도 하고 있다.

장안문
서북공심돈
화서문
화홍문
방화수류정
화성 행궁
동북공심돈
창룡문
치성
서장대
봉돈
팔달문

화성 건설의 숨은 주역

화성의 설계는 정약용이 담당하였지만 실제로 성을 쌓은 것은 수많은 일꾼들이었어. 조선 시대의 백성은 나라에 공사가 있을 때 노동력을 제공하는 것이 의무였지만 정조는 화성 성곽 건설에 참여한 일꾼들에게 일한만큼의 돈을 지불하였지.

일한 대가로 그만큼의 품삯을 일꾼에게 지급해 주거라!

임금을 받는 노동자로 고용된 일꾼들은 더욱 열심히 일했지. 화성 건설은 거중기, 유형거, 녹로와 같은 **기계의 사용**에 일꾼들의 노력이 더해져 원래 계획했던 10년보다 훨씬 빠른 2년 7개월 만에 완성할 수 있었단다.

┃ 정조가 건설한 새로운 도시, 수원 화성 ┃

정리해 보자!

❶ 정조는 자신의 개혁 정책을 실현할 신도시로 수원에 ☐☐ 을 건설했어.

❷ ☐☐☐ 은 화성을 설계하고, 거중기 등을 개발하여 화성 건설에 활용했어.

❸ ☐☐☐☐ 은 정조가 사도 세자의 무덤에 참배하러 갈 때 머물던 임시 별궁이었어.

---

1 다음에서 설명하는 기구의 이름을 쓰시오. ( )

도르래를 이용해 물건을 들어 올리는 기계로, 작은 힘을 이용하여 무거운 돌을 옮길 수 있다. 정조 때 정약용이 만들어 수원 화성을 건설하는 데 이용하였다.

2 수원 화성의 건축물과 그에 대한 설명을 바르게 선으로 연결하시오.

(1) 서장대
•
•
㉠ 화성의 북쪽 문으로, 장안은 수도라는 뜻과 함께 백성의 편안을 의미한다.

(2) 장안문
•
•
㉡ 장수가 군사를 지휘하는 곳으로, 팔달산 정상에 위치하며 화성의 안팎이 한눈에 들어온다.

(3) 방화수류정
•
•
㉢ 주변을 감시하고 군사를 지휘하는 곳이며, 주변 경관과 조화를 이룬 정자 역할도 하고 있다.

한국사능력검정시험 기출

3 밑줄 그은 '이 성'에 해당하는 문화유산으로 옳은 것은? ( )

이 건축물은 무엇인가요?

정조 때 만들어진 이 성의 일부로, 서북공심돈이라고 해요.

①
서산 해미 읍성

②
수원 화성

③
공주 공산성

④
진주성

조선 후기에 발달한 새로운 학문은 무엇이 있을까?

 다음은 조선 시대에 제작된 지도의 전시회이다. 두 사람이 어떤 지도에 관해 이야기하는 것인지 V표 해 보자.

조선 시대 지도 전시회

「혼일강리역대국도지도」

「곤여만국전도」

이 지도는 세계의 모습을 둥글게 표현했네!

이 지도에는 중국 외의 다른 나라도 상세히 표현되어 있어!

위의 두 지도는 모두 조선 시대에 제작된 세계 지도란다.

조선 초기에 제작된 「혼일강리역대국도지도」를 보면 알 수 있는 것처럼 조선 초기까지 우리나라 사람들은 중국이 세계의 중심이라고 생각했어. 그런데 조선 후기 「곤여만국전도」가 전해지면서 중국은 단지 세계 속 여러 나라 중 하나일 뿐이라는 것을 알았단다.

조선 후기 사람들은 중국 중심의 세계관에서 벗어나 더 넓은 세상을 만난 것이지.

그럼 조선 후기에 등장한 새로운 학문에는 어떤 것이 있는지 자세히 살펴보자.

큰별쌤의 영상

서양 문물이 들어오다

▲ 자명종과 천리경

조선 후기에는 청과 교류가 활발하게 이루어지면서 다양한 서양 문물과 기술이 전해졌어. 청에 드나들던 사신들이 서양의 과학 서적, 자명종, 천리경 등을 들여왔지. 서양에서 만든 「곤여만국전도」라는 세계 지도도 조선에 전해졌어.

이러한 서양의 문물과 기술은 조선의 과학 기술 발전에 도움을 주었어. 그리고 조선 사람들이 중국 중심의 세계관에서 벗어나 더 넓은 세계관을 가지는 데 영향을 미쳤단다.

실학이 등장하다

왜란과 호란 이후 조선 사회는 다양한 문제와 마주하였어. 기존의 성리학으로는 이러한 문제들을 해결하기 어려웠지. 이에 실생활의 문제를 해결하는 데 도움이 되는 학문인 **실학**이 등장한 거야.

실학자들은 크게 두 부류로 나뉘었어. 농업 중심의 개혁론을 주장한 학자들과 상공업 중심의 개혁론을 주장한 학자들이었지.

농업 중심의 개혁론을 펼친 인물은 **유형원, 이익, 정약용** 등이 대표적이란다. 이들은 토지 제도의 개혁과 농업 기술을 발전시키는 방법 등에 대한 개혁론을 제시하였지.

상공업 중심의 개혁론을 펼친 학자로는 유수원, 홍대용, 박지원, 박제가 등이 있어. 이들은 청의 문물을 적극적으로 수용하고 상공업을 발전시켜 나라를 부강하게 만들어야 한다고 주장하였지.

농사짓는 백성이 땅의 주인이 되어야 한다. 신분에 따라 땅을 나누어 주자.

유형원

마을에 공동 농장을 마련하여 공동으로 경작하고, 일한 양에 따라 작물을 나누어 갖자.

정약용

수레와 선박을 적극적으로 활용하여 물자를 잘 교류할 수 있도록 하고, 화폐를 더 사용하자.

박지원

나라의 빈곤을 해결하려면 상업을 발전시켜야 한다. 적절한 소비는 꼭 필요하다.

박제가

국학이 발달하다

　실학자들은 우리의 역사, 문화, 지리 등에 관심을 가지고 다양한 분야를 연구해 국학을 발달시켰어.

　안정복은 고조선부터 고려까지의 역사를 정리해『동사강목』을 편찬했고, 유득공은 발해를 우리의 역사로 인식해『발해고』를 편찬하고 통일 신라와 발해가 공존했던 시기를 남북국 시대로 불러야 한다고 주장했단다.

▲『동사강목』(안정복)　　　　▲『발해고』(유득공)

　나라 곳곳의 지리 정보를 담은 지리서와 지도 역시 만들어졌는데, 이중환은 각 지역의 자연환경과 경제, 풍속, 인물 등을 정리한『택리지』를 저술했단다.

　한편 김정호는 우리나라의 발전을 위해 정확한 지도가 필요하다고 생각하고 실제 사람들이 쓸 수 있는 지도를 만들었어. 그 지도가 바로「대동여지도」란다. 「대동여지도」는 산맥, 하천, 포구, 도로망 등을 자세히 표시하였어.

대동여지도

▲「대동여지도」분첩

김정호는 기존의 여러 지도를 종합하여「대동여지도」를 제작하였다. 총 22권의 책을 모두 펼치면 가로 3.8 m, 세로 6.7 m의 대형 전국 지도가 된다. 목판으로 만들어 여러 장을 찍어 낼 수 있도록 하였다.

▲「대동여지도」(김정호)

| 조선 후기 실학과 국학의 발달 |

정리해 보자!

❶ 조선 후기에 실생활의 도움을 목표로 한 학문인 ☐☐ 이 등장했어.

❷ 유형원, 이익, 정약용 등은 ☐☐ 중심의 개혁론을 주장한 실학자들이야.

❸ 조선 후기 김정호는 22권의 책 형태로 구성된 「☐☐☐☐☐」를 만들었어.

1 다음과 같이 주장을 한 실학자는 누구인지 각각 쓰시오.

(1) 농사짓는 백성이 땅의 주인이 되어야 한다. 신분에 따라 땅을 나누어 주자.

(   )

(2) 나라의 빈곤을 해결하려면 상업을 발전시켜야 한다. 적절한 소비는 꼭 필요하다.

(   )

2 다음 ㉠에 들어갈 알맞은 유물을 쓰시오. (   )

· 유물 이름: 「 ㉠ 」
· 만든 사람: 김정호
· 만든 시기: 조선 후기
· 특징: 총 22권으로 제작된 우리나라의 지도로, 모두 펼치면 가로 3.8m, 세로 6.7m의 대형 전국 지도가 된다.

3 다음 가상 편지에서 밑줄 그은 '나'로 옳은 것은? (   )

> 그리운 벗에게
>
> 어제 나는 조선에 잘 도착했소. 청에서 배운 것과 보고 들은 것들이 공부에 많은 도움이 되었소.
> 벽돌을 이용해 건물을 짓고 수레를 이용해 물자를 나르는 등 여러 가지 모습이 인상적이었소. 나는 그동안 기록했던 내용을 정리하여 『열하일기』로 펴낼 생각이오.
> 다시 소식 전할 때까지 건강하시오.
>
> 친구가

①
송시열

②
홍대용

③
박지원

④
박제가

정답 확인

오늘 나의 실력은?   확인

3주/2일

1. 조선 사회의 새로운 움직임

조선 후기에 서민 문화는
어떻게 꽃피었을까?

 다음은 조선 후기를 대표하는 그림들이다. 사다리를 타고 내려가서 각 그림의 이름을 알아보자.

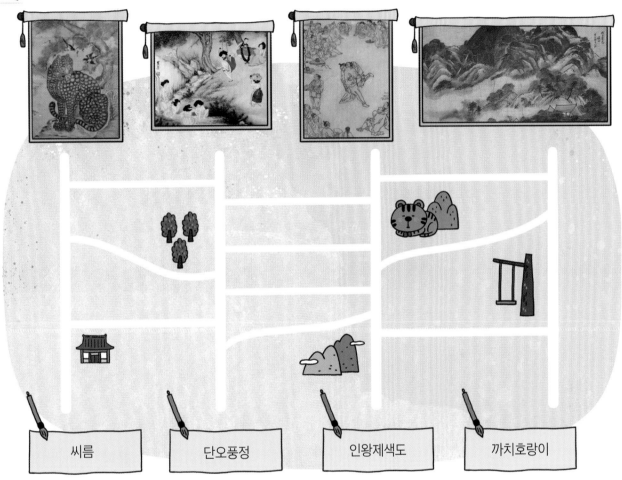

| 씨름 | 단오풍정 | 인왕제색도 | 까치호랑이 |

조선 후기에는 문화에서도 많은 변화가 생겼단다.

조선 전기까지만 해도 이상적인 풍경이나 선비들의 정신세계를 표현한 사군자 등이 주로 유행했지만, 조선 후기에는 우리의 자연과 일상을 그림에 담기 시작하였어. 이에 따라 조선 후기에는 진경 산수화, 풍속화, 민화 등이 유행한단다.

이러한 그림 외에도 한글 소설, 판소리 등의 서민 문화가 발달했지.

그럼 조선 후기에 어떠한 문화가 발달했는지 우리 함께 자세히 살펴보자.

우리의 산천을 그림에 담다

조선 후기 우리나라의 역사, 지리, 언어에 대한 연구가 활발해졌다고 배운 것을 기억하니? 이러한 경향은 그림에서도 나타났단다.

조선 전기 산수화는 중국 그림의 특징을 따라 상상 속의 풍경을 그린 그림이 많았어. 그런데 조선 후기가 되면서 우리나라의 자연을 직접 보고 화폭에 담는 진경 산수화가 등장한단다. 특히 정선은 금강산의 모습을 담은 「금강전도」, 서울의 인왕산을 그린 「인왕제색도」 등 뛰어난 작품을 남겼지.

산수화(山 메 **산**, 水 물 **수**, 畵 그림 화)
동양화에서 산과 물이 어우러진 자연의 아름다움을 그린 그림을 말한다.

▲ 「금강전도」

▲ 「인왕제색도」

서민 문화가 발달하다

조선 후기에는 서당 교육이 확대되고 한글 사용이 늘어나면서 서민들의 의식도 성장하였어. 이에 일반 백성을 중심으로 한 문화가 발전하였는데, 이를 서민 문화라고 해.

한글 소설

문학에서는 **한글 소설**이 크게 유행하였어. 신분을 뛰어넘는 사랑을 다룬 『춘향전』과 신분에 따른 차별 문제와 관리의 부조리를 다룬 『홍길동전』 등의 한글 소설이 널리 읽혔단다. 이처럼 한글 소설은 사회 현실을 비판하고 서민들의 감정을 솔직하게 표현한 것이 많았어.

한편 한글 소설이 유행하면서 소설에 등장하는 인물에 맞춰 다양한 목소리를 내며 실감나게 책을 읽어 주는 전기수라는 직업도 생겨났단다.

판소리 판소리는 이야기를 노래로 풀어내는 공연으로, 서민뿐만 아니라 양반들에게도 사랑받았단다. 소리꾼이 고수의 북 장단에 맞춰 노래와 말로 이야기를 풀어내면 구경꾼은 추임새를 넣어 함께했지. 판소리는 대부분 입에서 입으로 전하다 보니 지금까지 전해지는 판소리는 「춘향가」, 「심청가」, 「흥보가」, 「적벽가」, 「수궁가」의 다섯 마당뿐이란다.

탈놀이 탈놀이는 장터나 사람이 많이 모이는 곳에서 공연을 벌였단다. 탈을 쓰고 양반의 모습을 우스꽝스러우면서도 날카롭게 비판했지. 현재까지 남아 있는 대표적인 탈놀이에는 봉산 탈춤, 송파 산대놀이, 하회 별신굿 탈놀이 등이 있어.

풍속화 미술에서는 사람들의 생활 모습을 담은 풍속화가 유행했어. 대표적인 화가로 김홍도와 신윤복이 있단다. 김홍도는 서민들의 생활 모습을 생동감 있고 사실적으로 그려 냈어. 김홍도가 그린 풍속화로 정조가 백성의 생활 모습을 파악했다는 이야기가 전해지기도 해. 한편 **신윤복**은 양반 사회를 풍자하는 그림이나 여성들의 생활 모습을 많이 그렸단다.

민화 서민들의 소망을 담은 민화도 유행했어. 민화는 누가 그렸는지 모르는 작품이 대부분이지. 민화는 자유로운 형식으로 그려졌는데, 복을 바라거나 재앙을 막고 집안을 장식하는 데 사용되었지.

▲ 「까치호랑이」 재앙을 막아 준다는 호랑이와 좋은 소식을 전해 주는 까치를 그렸다.

▲ 「서당」(김홍도) 훈장과 학생들의 모습이 생동감 있게 나타나 있다.

▲ 「단오풍정」(신윤복) 그네를 타는 여인과 목욕하는 여인들을 동자승이 몰래 보고 있다.

| 조선 후기 서민 문화의 발달 |

정리해 보자!

❶ 조선 후기에는 『홍길동전』, 『춘향전』 등의 ☐☐☐☐ 이 널리 읽혔어.

❷ 조선 후기에는 이야기를 노래로 풀어내는 공연인 ☐☐☐ 가 인기를 끌었어.

❸ 조선 후기에는 사람들의 생활 모습을 그림으로 표현하는 ☐☐☐ 가 유행했어.

---

1 다음 한글 소설과 그에 관한 설명을 바르게 선으로 연결하시오.

(1) 『춘향전』 •

(2) 『홍길동전』 •

• ㉠ 서로 다른 신분에 속한 남녀의 사랑 이야기를 통해 신분 차별을 비판하고 있다.

• ㉡ 서얼에 대한 차별, 탐관오리에 대한 처벌, 새로운 나라 건설에 대한 열망 등이 담겨 있다.

---

2 나음은 신윤복의 그림이다. 제목을 바르게 말한 사람을 골라 기호를 쓰시오. (　　　)

㉠
「서당」

㉡
「단오풍정」

㉢
「인왕제색도」

한국사능력검정시험 기출

3 선생님의 질문에 대한 학생의 대답으로 옳은 것은? (　　　)

이 그림은 김홍도의 작품으로 서민 생활을 소재로 한 풍속화입니다. 이 작품이 제작된 시기의 문화에 대해 말해 볼까요?

① 팔관회가 크게 열렸어요.
② 『왕오천축국전』이 저술되었어요.
③ 팔만대장경이 목판으로 제작되었어요.
④ 『춘향전』 등의 한글 소설이 널리 읽혔어요.

정답 확인

오늘 나의 실력은?　확인

😟 🙂 😋

도전! 한국사능력검정시험

정조는 수원에 화성을 건설하고자 했어. 한편 조선 후기에는 학문과 문화에서도 큰 변화가 나타났단다. 실학자들의 주장과 서민 문화의 발달 사례를 정리해 보자.

수원 화성 건설

건설 배경	• 정조가 한성에서 벗어나 수원 화성을 건설하여 이를 중심으로 왕권을 강화하고자 함. • 아버지 사도 세자의 무덤을 수원으로 옮김.
첨단 기술 활용	★거중기: 도르래를 이용해 물건을 들어 올리는 기계 • 유형거: 저울의 원리를 이용한 수레 • 녹로: 도르래와 물레를 이용해 물건을 쉽게 들어 올릴 수 있도록 한 도구
수원 화성의 시설	★화성 행궁: 정조가 사도 세자의 무덤에 매년 참배하러 갈 때마다 머물던 곳 • 장안문: 화성의 북쪽 문으로, 중국 당의 수도 장안의 이름을 딴 곳 • 서장대: 서쪽의 장수가 머무르는 곳이라는 뜻으로, 팔달산 정상에 위치한 곳 • 방화수류정: 주변을 감시하는 전망대로, 병사들이 항상 머문 곳

실학과 국학의 발달

실학		국학
농업 중심 개혁론 • 유형원, 이익, 정약용 등의 실학자 • 토지 제도 개혁과 농사 기술 개발 강조	**상공업 중심 개혁론** • 유수원, 홍대용, 박지원, 박제가 등의 실학자 • 상업과 기술 강조, 청의 새로운 문물 수용 강조	• 역사: 안정복의 『동사강목』, 유득공의 『발해고』 • 지리: 이중환의 『택리지』, 김정호의 ★「대동여지도」

서민 문화의 발달

★한글 소설	『홍길동전』, 『춘향전』 등의 한글 소설이 유행함.
판소리	소리꾼이 이야기를 노래와 말로 표현한 판소리가 유행함.
탈놀이	탈을 쓴 광대들이 양반의 위선을 풍자하는 내용의 공연을 함.
★풍속화	김홍도의 「서당」·「씨름」, 신윤복의 「단오풍정」등 사람들의 생활 모습을 생동감 있게 그린 풍속화가 유행함.
민화	서민들의 소망을 담은 민화가 유행함, 해와 달·나무·꽃·동물 등 다양한 소재로 그려짐.

1 밑줄 그은 '나'에 해당하는 인물로 옳은 것은? ( )

나는 임금님의 명으로 화성의 설계를 담당하였습니다. 화성을 건설할 때 서양의 과학 기술 책을 참고하여 거중기를 만들기도 하였습니다.

① 박제가   ② 박지원
③ 정약용   ④ 유형원

2 다음 인물 카드의 (가)에 들어갈 주인공으로 옳은 것은? ( )

역사 인물 카드		
이름	(가)	
호	연암(燕巖)	
생몰년	1737년 ~ 1805년	

특징
• 조선 후기 실학자임.
• 『열하일기』를 지었음.
• 수레와 선박 이용을 확대하자고 주장함.

① 박제가   ② 박지원
③ 유형원   ④ 정약용

3 밑줄 그은 '이 성'을 볼 수 있는 문화유산으로 옳은 것은? ( )

이 건축물은 무엇인가요?

정조 때 만들어진 이 성의 북쪽 문인 장안문으로, 정문 역할을 하였어요.

① 낙안 읍성

② 수원 화성

③ 부소산성

④ 진주성

4 다음 가상 인터뷰의 주인공으로 옳은 것은?
( )

오늘은 『북학의』를 저술한 인물을 만나 보겠습니다. 선생님의 개혁론을 간단히 설명 부탁드립니다.

상업을 발전시키는 것이 조선의 빈곤을 해결하는 방법입니다. 그리고 적당한 소비가 꼭 필요하다고 생각합니다.

① 이익 ② 박제가
③ 박지원 ④ 유형원

5 밑줄 그은 '이 지도'로 옳은 것은? ( )

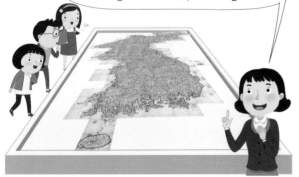

이 지도는 조선 후기에 김정호가 목판으로 제작한 지도예요. 전체를 22첩으로 나누어 휴대가 가능했으며, 22첩을 순서에 맞게 연결하면 이와 같이 하나의 전국 지도가 됩니다.

① 「동국지도」
② 「대동여지도」
③ 「곤여만국전도」
④ 「혼일강리역대국도지도」

6 선생님의 질문에 대한 학생의 대답으로 옳지 <u>않은</u> 것은? ( )

조선 후기 서민 문화에 대해 발표해 볼까요?

① 판소리 공연이 유행하였어요.

② 『홍길동전』 등 한글 소설이 널리 읽혔어요.

③ 독창적인 기법의 상감 청자가 제작되었어요.

④ 돈을 받고 소설을 읽어 주는 전기수가 등장하였어요.

7 (가)에 들어갈 그림으로 옳은 것은?( )

김홍도 풍속화 특별전

(가)

①

「노상알현도」

② 「고사관수도」

③

「단오풍정」

④

「씨름」

키워드 낱말 퍼즐

다음은 한국사능력검정시험에 자주 출제되는 핵심 용어를 뽑아 구성한 가로세로 퍼즐이다. 공부한 내용을 떠올리며 퍼즐을 완성해 보자.

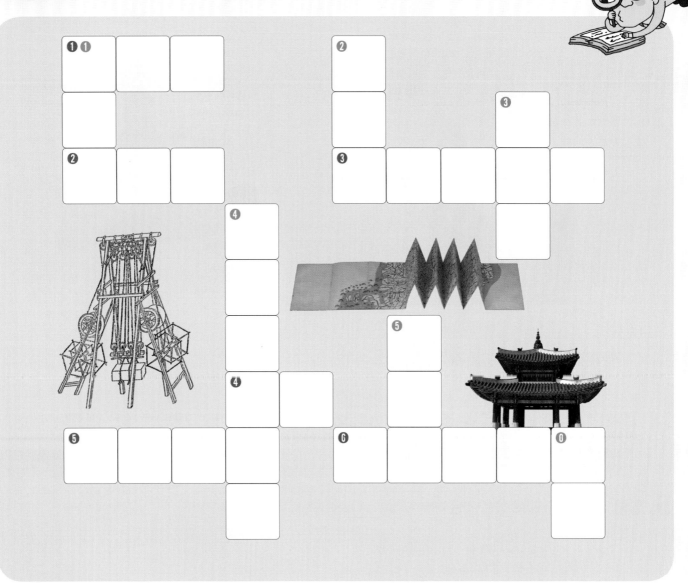

가로 열쇠

❶ 『발해고』라는 역사서를 썼으며, 발해의 역사를 처음으로 우리 역사에 포함시켰다.

❷ 수원 화성을 건설하는 데 사용된 기구로, 도르래를 이용해 물건을 들어 올리는 기계이다.

❸ 김정호가 만든 우리나라 전국 지도로, 22첩으로 구성되어 있다.

❹ 자기 나라의 고유한 역사, 언어, 지리 등을 연구하는 학문이다.

❺ 조선 후기에 허균이 쓴 최초의 한글 소설이다.

❻ 조선 후기의 화풍으로, 정선의 그림이 대표적이다.

세로 열쇠

❶ 수원 화성을 건설하는 데 사용된 기구로, 저울의 원리를 이용한 수레이다.

❷ 수원 화성에 있는 시설 중 하나로, 서쪽의 장수가 머무르는 곳이라는 뜻이다.

❸ 수레와 화폐의 사용을 강조한 조선 후기 실학자이다.

❹ 이탈리아 선교사가 만든 세계 지도로, 조선 사람들에게 중국보다 훨씬 넓은 세상이 있음을 알려 주었다.

❺ 조선 후기에 새로 들어온 서양 문물로, 천리 밖을 볼 수 있다고 하여 ○○○이라고 한다.

❻ 정조가 수원에 건설한 신도시이다.

흥선 대원군은 어떤 정책을 펼쳤을까?

 다음은 흥선 대원군이 왕실의 권위를 높이기 위하여 다시 지은 궁궐을 주제로 한 민요이다.
초성 힌트를 보고, □□□에 들어갈 말을 써 보자.

ㄱ ㅂ ㄱ 타령

에−에헤이야 얼널널 거리고 방에 흥애로다.

조선 팔도 좋다는 나무는 ㄱ ㅂ ㄱ 짓느라 다 들어간다.

도편수라는 놈의 거동 보소. 먹통 메고 갈팡질팡한다.

에−나 떠난다고 통곡 말고 나 다녀올 동안 네가 수절을 하여라. ……

남문 열고 바라 둥당 치니 계명산천에 달이 살짝 밝았네.

ㄱ ㅂ ㄱ 역사가 언제나 끝나 그리던

가족을 만나 볼까.

정답: □□□

 19세기 조선은 나라 안팎으로 위기에 처해 있었어.

안으로는 세도 정치의 폐단과 생활이 어려워진 농민의 불만으로 사회가 혼란스러웠고, 밖으로는 서양과 일본 세력이 조선을 위협하였지.

이러한 상황에서 아들 고종의 즉위로 권력을 잡은 흥선 대원군이 왕권 강화와 민생 안정을 위하여 개혁에 나섰단다.

흥선 대원군이 어떻게 고종을 대신하여 권력을 잡게 된 것인지, 그리고 권력을 잡은 후 어떤 정책을 펼쳤는지 우리 함께 자세히 알아볼까?

흥선 대원군, 정치적 실권을 장악하다

조선의 제25대 왕이었던 철종은 왕위를 물려줄 아들을 남기지 못하고 승하하였어. 이에 왕실에서는 다음 왕이 될 사람을 왕족 가문에서 찾아야 했지. 이때 왕위에 오른 사람이 바로 고종이야.

고종의 아버지인 흥선군은 원래 왕실의 먼 친척으로, 왕위와는 거리가 매우 멀었어. 그러나 흥선군의 아버지인 남연군이 정조의 이복동생인 은신군의 양자가 되면서 왕위에 가까워지게 된 거야. 그러한 가운데 철종이 뒤를 이을 아들 없이 승하하자, 흥선군은 조 대비와의 약속을 통해 자신의 아들을 왕위에 오르게 하였지. 고종이 어린 나이에 즉위하자 흥선군은 흥선 대원군이 되어 정치적 실권을 장악하였단다.

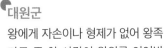
대원군
왕에게 자손이나 형제가 없어 왕족 가문 중 한 사람이 왕위를 이어받았을 때 새 왕의 아버지를 이르는 말이다.

흥선군에서 흥선 대원군으로

당시에는 안동 김씨 가문이 최고의 권력을 누리고 있었어.

이들은 자신들의 권력을 유지하기 위하여 왕족들을 감시하며 견제하였지.

똑똑해 보이는 왕족은 미리 제거해야 해!

이에 왕족들은 안동 김씨의 눈에 띄지 않으려고 숨은 듯이 살았어.

눈에 띄면 나처럼 유배돼.

흥선군 이하응도 마찬가지였어.

흥선군이 또 음식을 구걸하러 왔군.

그는 안동 김씨의 감시망에서 벗어나려고 총명함과 비범함을 철저히 숨겼지.

쯧쯧. 왕이 되기에는 글렀어.

그리고 비밀스럽게 왕실의 최고 어른인 조 대비(신정 왕후)를 찾아가 약속을 맺었어.

그래서 함께 안동 김씨의 폭정을 막자는 거지요?

이후 철종이 죽자, 조 대비는 흥선군의 아들을 왕위에 앉혔어.

흥선군의 아들을 왕으로 올리겠다.

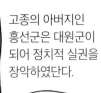
이로써 고종은 12살의 어린 나이에 조선의 제26대 왕이 되었어.

고종의 아버지인 흥선군은 대원군이 되어 정치적 실권을 장악하였단다.

내가 바로 흥선 대원군!

흥선 대원군, 개혁 정치를 펼치다

흥선 대원군은 세도 정치의 잘못된 점을 고치고 왕권을 강화하기 위한 개혁 정치를 펼쳤어.

먼저 세도 가문을 뒷받침하는 권력의 핵심 기구였던 **비변사를 폐지**해 세도 가문의 세력을 약하게 만들었어. 또한, 부패한 관리를 내쫓고 능력에 따라 인재를 등용하였어.

흥선 대원군은 전국에 있던 서원을 일부만 **남기고 모두 정리**하였어. 서원이 세금을 면제받고 부당하게 재산을 쌓았으며, 농민을 수탈하는 등 문제가 있었기 때문이지. 그리고 양반에게도 군포를 내게 하는 **호포제**를 실시하였어. 이러한 개혁은 백성에게는 큰 호응을 얻었지만 양반들

의 반발을 초래했단다.

한편, 흥선 대원군은 왕실의 권위를 높이기 위해 임진왜란 때 불타 버린 **경복궁을 다시 지었어.** 이때 공사에 필요한 돈을 마련하려고 강제로 기부금을 걷고, 고액 화폐인 당백전을 발행하였어. 또한, 농사로 바쁜 백성을 공사에 강제로 동원하였지. 이로 인해 양반뿐만 아니라 백성도 흥선 대원군에게 불만을 갖게 되었단다.

군포(軍 군사 **군**, 布 베 **포**)
군대에 가지 않는 대가로 내던 삼베나 무명을 말한다.

▼ 경복궁(서울특별시 종로구)

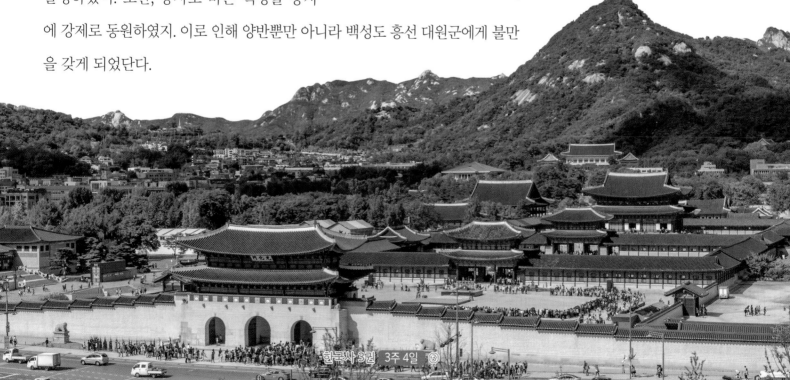

| 흥선 대원군의 개혁 정치 |

정리해 보자!

❶ 고종이 어린 나이에 즉위하자 아버지인 [　][　][　][　] 이 정치적 실권을 장악했어.

❷ 흥선 대원군은 양반에게도 군포를 내게 하는 [　][　][　] 를 실시했어.

❸ 흥선 대원군은 경복궁 공사에 필요한 돈을 마련하려고 [　][　][　] 을 발행했어.

---

1 다음 밑줄 그은 '정책'에 해당하는 것을 보기 에서 모두 골라 기호를 쓰시오.

(　　　　　　)

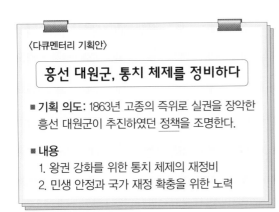

〈다큐멘터리 기획안〉

흥선 대원군, 통치 체제를 정비하다

■ **기획 의도:** 1863년 고종의 즉위로 실권을 장악한 흥선 대원군이 추진하였던 <u>정책</u>을 조명한다.

■ **내용**
1. 왕권 강화를 위한 통치 체제의 재정비
2. 민생 안정과 국가 재정 확충을 위한 노력

보기

㉠ 서원 정리
㉡ 탕평비 건립
㉢ 별기군 창설
㉣ 비변사 폐지

---

2 흥선 대원군이 정치를 주도하던 시기에 볼 수 있는 모습을 <u>잘못</u> 말한 사람의 이름을 쓰시오.

(　　　　　　)

궁궐을 짓는 공사에 백성이 동원되었어.

소은

여자들이 원에 공녀로 끌려갔어.

은찬

당백전의 남발로 백성의 형편이 어려워졌어.

선빈

한국사능력검정시험 기출

3 (가)에 들어갈 문화유산으로 옳은 것은?

(　　　　　　)

(가) 의 역사

① 경복궁
② 창덕궁
③ 창경궁
④ 덕수궁

1395년 궁이 완성되다.

1592년 전란으로 불타다.

1867년 흥선 대원군의 주도로 다시 세워지다.

정답 확인

  오늘 나의 실력은? 확인

3주 5일

1. 조선 사회의 새로운 움직임

조선은 어떻게 개항하게 되었을까?

다음 그림은 신미양요 때 있었던 광성보 전투의 모습을 표현한 것이다. 힌트에서 설명하는 물건을 찾아 동그라미 해 보자.

힌트
❶ 신미양요 때 강화도를 수비하던 어재연이 사용한 수자기이다.

❷ 수자기에는 '장수 수(帥)' 자가 새겨져 있다.

신미양요 때 어재연이 이끈 조선군은 강화도의 광성보에서 미군에 맞서 싸웠어.

이처럼 19세기에 이르러 서양 세력이 바다를 통해 조선을 침략하자 강화도는 여러 수난을 겪게 돼. 강화도가 수도 한성으로 들어오는 길목에 있었기 때문에 프랑스가 일으킨 병인양요, 미국이 일으킨 신미양요의 격전지가 된 것이지.

이후 강화도에서는 조선이 외국과 맺은 최초의 근대적 조약도 체결되었어. 조선의 개항이 이루어진 것이란다.

그럼 당시 강화도에서 어떤 일들이 일어났는지 우리 함께 알아볼까?

큰별쌤의 영상

서양 세력의 침략에 맞서다

통상(通 통할 **통**, 商 장사할 **상**)
나라들 사이에 물건 등을 사고파는
것, 또는 그런 관계를 말한다.

흥선 대원군이 개혁 정치를 펼치던 시기, 서양 세력이 조선에 통상을 요구하며 접근해 왔어. 하지만 조선은 통상 요구를 거부하였고, 이에 서양의 여러 나라는 군대를 앞세워 조선을 침략하였지.

프랑스의 침략, 병인양요

병인양요는 병인년(1866)에 프랑스가 조선에 통상을 요구하며 강화도를 침략한 사건이야. 당시 프랑스는 흥선 대원군이 프랑스인 선교사들과 수많은 천주교 신자를 처형한 사건을 구실로 조선을 침략하였지.

프랑스군은 삼랑성(정족산성)에서 **양헌수**가 이끄는 조선군에 패하자, 통상 수교를 포기하고 철수하였어. 프랑스군은 물러가면서 강화도의 주요 시설을 파괴하고 외규장각에 보관 중이던 의궤 등의 책과 보물을 약탈해 갔단다.

미국의 침략, 신미양요

어재연 장군의 수(帥)자기

신미양요 때 미군은 어재연 장군의 수자기를 빼앗아 갔어. 수자기는 2007년 미국에게 빌려 오는 조건으로 우리나라에 돌아왔단다.

병인양요가 일어나기 전, 미국의 배인 제너럴셔먼호가 대동강을 거슬러 올라와 평양에서 통상을 요구한 일이 있었어. 이때 제너럴셔먼호의 선원들은 통상을 거부하는 조선 관리를 납치하고 백성을 죽이거나 다치게 하였지. 이에 분노한 평양 사람들은 제너럴셔먼호를 불태워 침몰시켰어.

미국은 제너럴셔먼호 사건을 구실로 신미년(1871)에 강화도를 침략하였어. 이 사건을 **신미양요**라고 해. 당시 광성보에서 **어재연**이 이끄는 조선군은 미군에 맞서 강력하게 저항하였지만 광성보는 함락되고 말았어. 그럼에도 불구하고 흥선 대원군이 통상을 거부하자 결국 미군은 스스로 물러갔단다.

흥선 대원군, 척화비를 세우다

프랑스와 미국의 침략을 연달아 겪은 흥선 대원군은 전국 각지에 척화비를 세워 서양과 교류하지 않겠다는 의지를 널리 알렸어. 통상 수교 거부 정책을 강화하겠다는 그의 뜻을 분명히 한 것이지.

외세가 침범했는데 싸우지 않는 것은 곧 나라를 팔아먹는 것이다.

척화비 ▶

강화도 조약으로 조선이 개항하다

흥선 대원군이 물러나고 고종이 직접 정치에 나서면서 통상 수교 거부 정책이 완화되었어. 이러한 상황에서 일본의 군함 운요호가 강화도 앞바다에 접근하였지. 이에 조선군은 운요호에 경고의 의미로 대포를 쏘았어. 그러자 일본은 초지진에 대포를 쏘며 조선군을 위협하고, 영종도의 마을로 들어가 백성을 죽이고 관청을 불태우는 등 행패를 부렸어. 이후 일본은 운요호 사건을 구실로 조선에 군함을 다시 보내 통상 수교를 강요하였어.

결국 조선은 개항을 바라는 나라 안의 요구와 일본의 압박으로 1876년에 강화도에서 일본과 조약을 맺고 개항하였어. 이것이 강화도 조약이야.

강화도 조약은 조선이 외국과 맺은 최초의 근대적 조약이었으나, 일본에 유리하게 체결된 불평등한 조약이었어. 이 조약 이후 조선은 서양의 다른 나라들과도 조약을 맺고 교류를 시작하였단다.

개항(開 열 **개**, 港 항구 **항**)
항구를 개방해 외국 배의 출입을 허가하는 것을 말한다.

조약(條 가지 **조**, 約 묶을 **약**)
나라와 나라 사이에 맺은 약속을 말한다.

▲ 강화도 조약을 맺는 모습

강화도 조약의 주요 내용

제1관 　조선은 자주국이며 일본과 평등한 권리를 가진다.
제4관 　조선은 부산 이외에 두 곳의 항구를 개항하고 일본인이 와서 통상하는 것을 허가한다.
제7관 　일본인이 조선의 해안을 자유롭게 측량하는 것을 허가한다.
제10관 조선의 항구에서 죄를 지은 일본인은 일본 관리가 심판한다.

| 서양 세력의 침략과 조선의 개항 |

❶ ☐☐☐☐ 는 프랑스가 조선에 통상을 요구하며 강화도를 침략한 사건이야.

❷ 제너럴셔먼호 사건을 구실로 미국은 ☐☐☐☐ 를 일으켰어.

❸ 조선은 1876년에 일본과 ☐☐☐ 조약을 맺고 개항했어.

1 다음 보기 에서 신미양요 때 있었던 사실로 옳은 것을 골라 기호를 쓰시오. (   )

보기

㉠ 수도를 강화도로 옮겼다.

㉡ 어재연이 이끄는 조선군이 미군에 맞서 싸웠다.

㉢ 외규장각에 보관되어 있던 도서를 약탈당하였다.

㉣ 양헌수가 이끄는 조선군이 프랑스군에 맞서 싸웠다.

2 다음 (가)~(라) 사건을 일어난 순서대로 나열하시오.

(   ) → (   ) → (   ) → (   )

(가) 척화비 건립   (나) 신미양요 발발   (다) 병인양요 발발   (라) 강화도 조약 체결

3 밑줄 그은 '이 사건'으로 옳은 것은? (   )

실록 한국사

이것은 강화도 조약 체결을 논의하는 장면입니다.

일본군의 강화도 해안 불법 침입으로 발생한 이 사건이 계기가 되어 조약이 맺어졌지요.

조선, 역사의 갈림길에 서다

① 105인 사건
② 운요호 사건
③ 헤이그 특사 사건
④ 제너럴셔먼호 사건

정답 확인   오늘 나의 실력은?   확인

1. 조선 사회의 새로운 움직임

개항 이후 조선에서는 어떤 일이 있었을까?

 다음은 조선의 개화파를 대표하는 두 인물의 의견이다. 를 보고, 해당하는 인물의 이름을 □□□ 안에 써 보자.

힌트

❶ **김옥균**은 급진 개화파의 대표 인물로, 청으로부터 독립해 사회 전반을 개혁해야 한다고 주장했다.

❷ **김홍집**은 온건 개화파의 대표 인물로, 조선의 법과 제도를 바탕으로 차근차근 개화해야 한다고 주장했다.

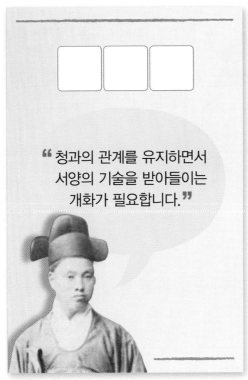

" 청과의 관계를 유지하면서 서양의 기술을 받아들이는 개화가 필요합니다. "

" 청의 간섭을 물리치고 서양의 기술, 사상, 제도까지 받아들여 개화해야 합니다. "

개화파는 어떻게 등장하였을까?

조선 후기 서양 세력이 조선에 통상을 요구할 때 박규수, 오경석 등은 서양 문물의 우수함을 배워 나라를 부강하게 만들어야 한다고 주장하였어. 그리고 이들로부터 개화에 대한 가르침을 받은 젊은 양반 자제들이 개화파를 형성하게 된 것이란다.

이후 개화파는 김홍집, 김옥균으로 대표되는 세력에 의해 둘로 나뉘게 돼. 과연 개화를 둘러싸고 어떤 일이 일어났던 것일까?

그럼 개항 이후 개화 정책과 관련해 일어난 사건에 대해 우리 함께 자세히 알아보자!

큰별쌤의 영상

개화 정책을 추진하다

강화도 조약 체결 이후 조선 정부는 일본의 근대화된 모습을 파악하기 위해 수신사라는 외교 사절을 파견하였어. 그리고 이들의 의견을 바탕으로 개화 정책을 총괄하는 기구인 **통리기무아문**을 설치하였지.

통리기무아문은 국방을 강화하기 위해 군사 제도를 개편하고, 신식 군대인 **별기군**을 새로 만들었어. 일본에는 **조사 시찰단**을 파견해 일본의 정부 기관과 산업·군사 등 근대 시설을 살펴보고 오도록 하였고, 청에는 **영선사**를 파견해 근대 무기 제조 기술 등을 배우게 하였지.

▲ **신식 소총으로 무장한 별기군**
'특별한 기술을 배우는 군대'라는 뜻의 신식 군대로, 일본인 교관에게 훈련을 받았다.

임오군란, 구식 군인과 도시 빈민의 불만이 폭발하다

개화 정책이 추진되자 구식 군인과 도시 빈민에게서 불만이 터져 나왔어. 개항 후 일본으로 많은 양의 쌀이 유출되며 쌀값이 폭등하자 대부분의 농민과 도시 빈민의 삶은 어려워졌어. 또한, 구식 군인들은 월급으로 받던 쌀을 1년 넘게 받지 못하는 등 별기군에 비해 낮은 대우를 받아 불만이 높았지.

이러한 상황에서 구식 군인들이 겨우 한 달 치 월급을 쌀로 받았는데, 쌀에 겨와 모래가 섞여 있었어. 이에 분노가 폭발한 구식 군인들은 난을 일으켰어. 이 사건이 1882년에 일어난 **임오군란**이야.

구식 군인들은 일본 공사관과 관리를 공격하고 궁궐까지 쳐들어갔어. 생활이 어려워진 도시 빈민들도 이들과 함께하였지. 이때 청의 군대가 개입하면서 임오군란은 막을 내렸고, 이를 계기로 청은 조선의 정치에 깊숙하게 개입하였어.

갑신정변이 일어나다

개화파가 나뉘다

임오군란 이후 청의 간섭이 심해지자, 개화파는 청에 대한 태도와 개화 정책의 방향을 두고 의견이 대립하면서 온건 개화파와 급진 개화파로 나뉘었어.

김홍집을 비롯한 온건 개화파는 청과의 우호 관계를 유지하면서 조선의 법과 제도를 바탕으로 서양의 기술을 받아들여야 한다고 주장하였어. 반대로 김옥균을 비롯한 급진 개화파는 조선이 청의 간섭에서 벗어나야 하며, 서양의 기술뿐만 아니라 사상과 제도까지 모두 받아들여야 한다고 주장하였어.

급진 개화파, 정변을 일으키다

급진 개화파는 청에 의지하는 세력을 몰아내고 새로운 조선을 만들고자 하였어. 이들은 일본의 군사 지원을 약속받아 정변을 일으키기로 결정하였지.

1884년 마침내 급진 개화파는 우정총국의 개국 축하 잔치를 틈타 정변을 일으켰어(갑신정변). 이들은 새 정부를 조직하고 주요 개혁 정책을 발표하였어.

갑신정변의 개혁안(일부)

· 청에 대한 조공 허례를 폐지한다.
· 문벌을 폐지하고, 백성들이 평등한 권리를 갖는 제도를 마련하며, 능력에 따라 관리를 임명한다.
· 세금 제도를 고쳐 관리의 부정을 막고 국가의 살림살이를 튼튼히 한다.
· 부정한 관리를 처벌하고, 백성이 빚진 쌀을 면제한다.

▲ **갑신정변의 주역들**
왼쪽부터 박영효, 서광범, 서재필, 김옥균이다.

이러한 가운데 청군이 개입하자 일본군이 도와주겠다는 약속을 어기고 철수하면서 갑신정변은 3일 만에 실패로 끝났고, 이후 청의 간섭은 더욱 심해졌어.

갑신정변은 근대 국민 국가 건설을 목표로 일어난 우리나라 최초의 정치 개혁 운동이었어. 그러나 일본의 힘에 의지하고 준비가 부족한 상태에서 개혁을 시도해 많은 사람의 지지를 이끌어 내지 못한 한계를 지니고 있단다.

▼ **우정총국을 복원한 현재 모습**
(서울특별시 종로구)

| 임오군란과 갑신정변 |

정리해 보자!

❶ 조선은 개항 이후 개화 정책을 총괄하는 기구인 ☐☐☐☐☐☐ 을 설치했어.

❷ 별기군 창설 이후 구식 군인에 대한 차별 대우가 원인이 되어 ☐☐☐☐ 이 일어났어.

❸ 김옥균 등의 급진 개화파는 우정총국 개국 축하 잔치를 틈타 ☐☐☐☐ 을 일으켰어.

1 임오군란이 조선에 미친 영향에 관해 바르게 말한 사람의 이름을 쓰시오. (　　　　　　)

통리기무아문이 설치되었어.　수아

외규장각 도서가 약탈되었어.　준희

청이 정치에 깊이 간섭하기 시작했어.　채은

2 다음 ㉠, ㉡에 들어갈 알맞은 말을 쓰시오. ㉠: (　　　　　　), ㉡: (　　　　　　)

> ☐㉠☐ 개화파는 청과의 우호 관계를 유지하면서 조선의 법과 제도를 바탕으로 서양의 기술을 받아들여야 한다고 주장하였다. 반대로 ☐㉡☐ 개화파는 조선이 청의 간섭에서 벗어나야 하며, 서양의 기술뿐만 아니라 사상과 제도까지 모두 받아들여야 한다고 주장하였다.

한국사능력검정시험 기출

3 (가)에 해당하는 가상 우표로 적절한 것은? (　　　　　　)

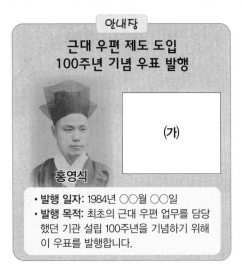

안내장

근대 우편 제도 도입
100주년 기념 우표 발행

(가)

홍영식

- 발행 일자: 1984년 ○○월 ○○일
- 발행 목적: 최초의 근대 우편 업무를 담당했던 기관 설립 100주년을 기념하기 위해 이 우표를 발행합니다.

①  대한민국 KOREA 60　광혜원

②  대한민국 KOREA 60　원각사

③  대한민국 KOREA 60　환구단

④  대한민국 KOREA 60　우정총국

동학 농민군이 원하는 세상은 어떤 모습이었을까?

 다음은 고부 지역에서 농민들이 봉기를 준비하며 작성한 사발통문이다. 동그란 원을 중심으로 돌려 적은 참가자들의 이름 중 '전봉준(全琫準)'을 찾아 동그라미 해 보자.

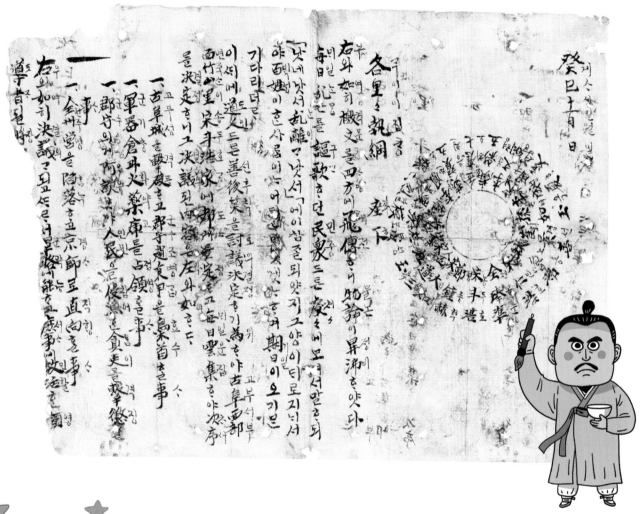

'사발통문'은 사발을 엎어 그린 원에 참가자의 이름을 빙 돌려 적은 문서란다.

1893년 11월 전라도 고부에서 전봉준을 비롯한 동학의 지도자들은 결의를 다지기 위해 사발통문에 이름을 적었어. 이름을 둥글게 적은 것은 전봉준이 주모자인 것을 알 수 없도록 하고, 참가한 사람들이 모두 함께 책임을 진다는 의미였지. 그리고 1894년 1월 이들은 뜻을 같이하는 농민들과 봉기하였어. 이것이 바로 고부 농민 봉기란다.

그럼 고부 농민 봉기가 일어난 배경과 고부 농민 봉기가 동학 농민 운동으로 발전한 까닭을 우리 함께 자세히 알아보자!

큰별쌤의 영상

동학 농민 운동의 출발점, 고부 농민 봉기

개항 이후 개화 정책의 추진으로 농민의 세금 부담은 늘어나고 지방 관리들의 횡포가 계속되어 농민의 불만이 높아졌어. 또한, 일본으로의 곡물 수출이 늘어 곡물 가격이 폭등하자 일본에 대한 농민의 반감이 커졌지. 이에 따라 농민 봉기가 곳곳에서 일어나고, 농민 사이에 동학이 급속하게 퍼져 나갔어.

대표적인 곡창 지대인 고부(전라북도 정읍 지역의 옛 이름)에서는 군수 조병갑의 부정부패와 횡포가 매우 심하였어.

동학
최제우가 민간 신앙과 유교, 불교, 도교의 장점을 모아 만든 종교로, 서학에 반대한다는 뜻에서 이름을 동학으로 지었다.

전봉준은 조병갑의 횡포를 막기 위해 자신과 뜻을 같이하는 농민과 함께 봉기를 일으켜 고부 관아를 습격하였어. 그리고 곡식 창고를 열어 농민에게 쌀을 나누어 주고 죄 없는 사람들을 풀어 주었지.

정부에서는 군수를 새로 임명하고 문제 해결을 위해 조사관을 보냈어. 그러나 조사관은 봉기에 참여한 농민을 동학교도로 몰아 가혹하게 탄압하였지.

동학 농민군의 1차 봉기

고부 농민 봉기에 참여한 농민이 가혹한 탄압을 받자 전봉준은 전라도에서 동학 세력을 이끌던 손화중과 함께 농민군을 모아 무장에서 대규모로 봉기하였어. 이들은 백산으로 이동한 후, 전봉준을 대장으로 세웠어. 이후 동학 농민군은 황토현, 황룡촌 전투에서 승리하고 전주성까지 점령하였단다.

동학 농민군의 세력이 걷잡을 수 없이 확대되자 정부는 **청에 도움을 요청하**였어. 청이 조선에 군대를 보내자, 청을 견제하던 일본 역시 군대를 보냈어. 이에 동학 농민군은 외국 군대의 개입을 막기 위하여 그릇된 정치를 개혁할 것을 요구하면서 전주에서 정부와 화약을 맺고 물러났어(**전주 화약**).

💧**화약**(和 화목할 **화**, 約 맺을 **약**)
화목하게 지내자는 약속을 말한다.

이 개혁안을 지켜 주시오.

동학 농민군의 개혁안(일부)

· 탐관오리, 못된 양반은 그 죄를 조사해 벌한다.
· 노비 문서를 불태워 없앤다.
· 정해진 세금 외에 잡다한 세금을 폐지한다.
· 일본에 협력하는 사람을 엄히 벌한다.

알겠소.

동학 농민군의 2차 봉기

동학 농민군이 물러난 후, 조선 정부는 청과 일본에 군대를 철수해 달라고 요청하였어. 하지만 일본은 조선에서 영향력을 넓히려고 경복궁을 점령하여 조선 정부를 장악한 후 **청일 전쟁**을 일으켰어.

이에 동학 농민군은 **일본을 몰아내려고 다시 봉기**하였어. 농민은 농기구, 대

나무를 깎아 만든 죽창, 닭을 기르는 장태 등을 들고 진격하였지. 하지만 총으로 무장한 일본군과 관군을 당해 내기에는 힘이 부족하였지. 결국 공주 우금치에서 벌어진 전투에서 동학 농민군

은 크게 패하였어. 그리고 전봉준을 비롯한 동학 농민 운동의 지도자들이 체포되면서 동학 농민 운동은 막을 내린단다.

동학 농민 운동은 **양반 중심의 신분 질서를 개혁**하여 평등한 세상을 만들고, **외세의 침략을 물리쳐** 나라를 지키고자 하였던 우리 역사상 최대 규모의 농민 운동이었어. 비록 실패로 끝났지만, 이때 제기된 농민의 주장 중 일부가 이후 갑오개혁을 통해 실현되었단다.

▲ 재판을 받기 위해 법정으로 이송되는 전봉준

| 동학 농민 운동 |

정리해 보자!

❶ 전라도 고부에서는 군수의 횡포를 막기 위해 ☐☐☐ 의 주도로 농민 봉기가 일어났어.

❷ 동학 농민군은 ☐☐ 군이 경복궁을 점령하자 다시 봉기했어.

❸ 동학 농민군은 공주 ☐☐☐ 에서 벌어진 전투에서 일본군과 관군에 패했어.

---

1 다음 (가)~(라)를 동학 농민 운동의 과정에 맞게 순서대로 나열하시오.

(   ) → (   ) → (   ) → (   )

(가) 전봉준의 체포

(나) 전주 화약 체결

(다) 고부 농민 봉기

(라) 우금치 전투에서의 패배

---

2 밑줄 그은 '이 문서'를 글자판에서 찾아 동그라미 하시오.

이 문서는 원 모양을 따라 이름을 돌려 적은 것이니 누가 주모자인지 알 수 없다네.

라	은	비	알	크	절	비	유
민	신	수	사	발	통	문	휴
고	미	사	그	순	마	자	채

---

3 밑줄 그은 '이 사람'으로 옳은 것은?   (   )

이 사진은 동학 농민군의 지도자인 이 사람이 재판을 받으러 가는 모습입니다. 그는 녹두 장군이라고 불리기도 하였습니다.

① 김옥균
② 김좌진
③ 유득공
④ 전봉준

 정답 확인

오늘 나의 실력은?   확인

조선은 근대화를 위하여 어떤 개혁을 추진하였을까?

 다음은 갑오개혁 당시 조선 사회의 모습을 가상 뉴스로 꾸민 것이다. 초성 힌트를 보고, □□□ 안에 들어갈 말을 써 보자.

다음 소식입니다. 정부가 차별적 | ㅅ | ㅂ | ㅈ |를 드디어 폐지하였습니다. 또한, 조혼을 금지하고 재혼을 허용하는 등 신분과 여성 차별을 없애는 개혁을 실시하고 있습니다.

우리 역사에서 오랫동안 유지되어 온 신분제는 언제, 그리고 어떻게 사라진 걸까?
바로 갑오개혁 때야. 갑오개혁이 추진되면서 우리 역사상 처음으로 신분제를 폐지하고 평등한 근대 사회로 나아갈 수 있게 되었단다.
갑오개혁 때 이렇게 신분제가 폐지될 수 있었던 것은 앞서 갑신정변과 동학 농민 운동 등에서 신분제를 폐지하기 위한 노력이 있었기 때문이지.
그럼 갑오개혁과 을미개혁은 어떻게 추진되었고, 이를 통해 조선 사회는 어떻게 변화하였는지 자세히 알아보자!

갑오개혁을 추진하다

제1차 개혁의 실시

조선 정부는 동학 농민군과 전주 화약을 맺은 뒤, 농민군의 요구가 반영된 자주적 개혁을 추진하려고 하였어. 그러나 일본군은 경복궁을 점령하고 새로운 정부를 구성하게 하였지.

일본의 강요로 구성된 정부는 군국기무처를 설치하여 정치, 경제, 사회 등 각 부문에서 개혁을 추진하였어. 당시 일본은 청일 전쟁 중이었기 때문에 조선에 적극적으로 간섭하지 못하였어. 그 결과 개혁은 갑신

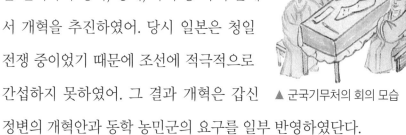

▲ 군국기무처의 회의 모습

군국기무처
갑오개혁을 추진하였던 최고 정책 결정 기관이다.

정변의 개혁안과 동학 농민군의 요구를 일부 반영하였단다.

이 개혁을 통하여 양반들의 지위를 유지하는 수단으로 이용된 과거제를 폐지하였어. 조세 제도도 개혁하여 관리들이 횡포를 부리지 못하게 하였지. 더불어 오랫동안 유지되어 온 신분제를 폐지하였단다.

양반의 특권으로 이용된 과거제를 폐지하였다.

세금은 물건이 아닌 화폐로만 내도록 하였다.

양인과 천인을 구별하는 신분 제도와 노비 제도를 폐지하였다.

제2차 개혁의 실시

개혁이 추진되는 가운데, 청일 전쟁에서 승기를 잡은 일본이 개혁에 적극적으로 간섭하기 시작하였어. 일본은 군국기무처를 폐지하고 새로운 정부를 구성하여 제2차 개혁을 추진하였어. 이때 교육 개혁이 이루어져 지금의 초등학교인 소학교가 세워지는 등 근대적 교육 제도가 마련되었단다.

명성 황후, 일본에 살해당하다

청일 전쟁에서 승리한 일본의 내정 간섭이 심해지자 조선 정부는 큰 위기를 느꼈어. 이에 고종과 명성 황후는 러시아의 힘을 빌려 일본의 간섭에서 벗어나고자 하였어.

조선 정부의 이러한 움직임에 위기의식을 느낀 일본은 엄청난 일을 저지르고 말았어. 친러 정책을 추진하는 핵심 세력이 **명성 황후**라고 생각하여 경복궁에 침입해 명성 황후를 시해하고 시신을 불태우는 만행을 저지른 것이지. 이 끔찍한 사건을 **을미사변**(1895)이라고 해.

▼ **명성 황후의 장례식(1897)**
명성 황후는 시해된 지 2년 후에 장례식이 치러졌다.

▲ 명성 황후가 시해되었던 경복궁 안의 건청궁 옥호루

을미개혁, 백성의 거센 반발을 불러오다

명성 황후가 시해된 이후 일본의 간섭을 받으며 **을미개혁**이 추진되었어. 기존의 음력 대신 태양력이 사용되었으며 전국에 **단발령**이 내려졌어.

단발령은 성인 남자의 상투를 자르고 머리카락을 짧게 깎도록 한 명령으로, 조선 사회에 엄청난 파장을 일으켰어. 우리 조상들은 머리카락을 부모님께 받은 신체의 일부로 생각해 자르지 않고 길렀어. 그리고 전통에 따라 남자들은 성인이 되면 머리카락을 끌어 올려 상투를 틀었지. 그래서 사람들은 단발령을 단순히 머리카락을 자르는 일이 아니라 우리의 뿌리를 흔드는 일이라고 생각하였어.

부모님께 받은 신체를 함부로 훼손할 수 없소!

게다가 당시 백성은 명성 황후의 시해로 울분에 차 있었어. 이러한 상황에서 단발령이 시행되자 백성은 전국 각지에서 의병을 일으켰단다.

또한, 단발령에 반발하여 머리카락 대신 머리를 자르라는 사람도 있었고, 스스로 목숨을 끊는 사람도 생겼단다.

| 갑오 · 을미개혁 |

정리해 보자!

❶ [ ][ ][ ][ ][ ] 는 1차 갑오개혁을 추진하였던 최고 정책 결정 기관이었어.

❷ 일본은 조선 정부가 친러 정책을 추진하자 명성 황후를 시해하는 [ ][ ][ ][ ] 을 일으

켰어.

❸ 을미개혁으로 성인 남자의 상투를 자르라는 [ ][ ][ ] 이 시행되었어.

1 다음 (가)에 들어갈 사건은 무엇인지 쓰시오. (   )

2 을미개혁 당시 단발령에 반대하던 사람에게 그 이유를 물었다. 밑줄 친 부분을 채우시오.

저는 단발령을 다음과 같은 이유로 반대합니다.

_____

_____

_____

한국사능력검정시험 기출

3 다음 개혁에 대한 설명으로 옳지 <u>않은</u> 것은? (   )

🔍 **역사 돋보기**

군국기무처를 중심으로 개혁 추진

김홍집 내각은 군국기무처를 중심으로 근대 국가로 나아가기 위한 개혁을 추진하였다. 그 결과 정치, 경제, 사회 등 각 분야에서 개혁이 이루어졌다.

군국기무처 회의 모습

① 과거제를 폐지하였다.
② 별기군을 창설하였다.
③ 도량형을 통일하였다.
④ 신분제를 철폐하였다.

정답 확인

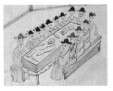

오늘 나의 실력은?   확인

😣 😋 🥰

1. 조선 사회의 새로운 움직임

자주적인 국가 수립을 위하여 어떤 노력이 전개되었을까?

 다음은 '황제지보'라고 하는 대한 제국의 국새(나라를 대표하는 도장)이다. 황제지보의 아랫면을 보고, 황제지보가 찍힌 모습으로 알맞은 것을 골라 ✓표 해 보자.

황제지보(皇帝之寶)

'황제지보'는 대한 제국을 선포할 때 만든 국새 10과 중 하나야.

황제지보는 자주 국가인 대한 제국의 상징으로, 고종이 황제임을 선포하는 중요한 국새이지. 대한 제국이 수립되면서 국새의 형태도 변하였어. 이전에는 왕이 사용하는 도장의 손잡이를 거북이 모양으로 조각하였는데, 대한 제국의 국새 황제지보는 황제를 상징하는 용 모양으로 조각하였단다.

그럼 고종이 황제로 즉위하고, 나라 이름을 조선에서 대한 제국으로 바꾸기까지 어떤 일이 있었는지 우리 함께 자세히 알아보자!

큰별쌤의 영상

고종, 러시아 공사관으로 피신하다

명성 황후가 시해된 이후 고종은 러시아 공사관으로 피신하였어(아관 파천, 1896). 고종은 왜 경복궁이 아닌 러시아 공사관에 머무른 걸까? 당시 경복궁은 일본군의 감시를 받고 있었어. 이에 신변의 위협을 느낀 고종이 자신의 안전을 지키고 일본의 영향력을 약화시키기 위해 거처를 옮긴 것이란다.

이로써 조선에서 일본의 입지는 축소되고, 러시아의 영향력은 커졌지.

신변(身 몸 **신**, 邊 가장자리 **변**)
몸과 몸의 주위를 이르는 말이다.

독립 협회가 설립되다

아관 파천 이후 고종이 나랏일을 제대로 하지 못하는 상황에서 러시아는 조선에서 여러 가지 경제적 이득을 얻을 수 있는 이권을 빼앗아 갔어. 서양의 여러 나라도 앞다투어 조선의 이권을 빼앗아 갔지.

이 무렵 갑신정변 이후 미국에 머물던 서재필이 국내로 들어와 정부의 지원을 받아 『독립신문』을 창간하였어. 『독립신문』은 나라 안팎의 소식을 백성에게 알리고, 조선의 자주독립을 주장하였지.

이어 서재필은 개화파 관료들과 함께 **독립 협회**를 설립하

▲ 『독립신문』

였어. 독립 협회는 자주독립 의식을 확산하고자 청의 사신을 맞이하던 영은문을 허물고 그 근처에 **독립문**을 세웠어. 당시 독립문 건립에 성금을 낸 사람이라면 누구나 독립 협회의 회원이 될 수 있었다고 해.

영은문의 주춧돌

독립문

독립 협회는 최초의 근대적 민중 집회인 만민 공동회를 열어 누구나 연단에
올라 자신의 의견을 이야기할 수 있게 하였어. 만민 공동회에 모인 사람들은
러시아의 정치적 간섭과 이권을 노리는 서양의 여러 나라를 비판하고 나라의
정치를 바로잡으려고 하였단다.

대한 제국이 수립되다

독립 협회뿐만 아니라 많은 사람이 고종의 환궁을 요구하자 고종은 러시아
공사관에 머문 지 1년 만에 경운궁(덕수궁)으로 돌아왔어.

이후 고종은 환구단에서 하늘에 제사를 지내고 **황제**로 즉위하였으며, 대한
제국의 수립을 선포하였어(1897). 이를 통해 우리나라가 근대적인 자주독립 국가
이며 황제가 다스리는 나라라는 것을 나라 안팎에 널리 알렸단다.

이제 나라 이름은 '대한 제국'이다!

대한 제국은 새로운 국가의 모습을 갖추기 위하여 여러 분야에 걸쳐 근대적인
개혁을 추진하였어. 여러 가지 근대 시설을 마련하고, 공장과 회사를 설립하였어.
또한, 외국에 유학생을 보내 근대적 산업 기술을 배우게 하였고, 학교를 세워
인재를 양성하였단다.

▲ 서양식 황제복을 입은 고종 황제

▼ 황궁우

환구단 ▼

정리해 보자! | 대한 제국의 수립 |

❶ 을미사변 이후 고종은 러시아 공사관으로 거처를 옮기는 ☐☐☐☐을 단행했어.

❷ 서재필이 창간한 『☐☐☐☐』은 나라 안팎의 소식을 백성에게 알리고, 조선의 자주 독립을 주장했어.

❸ 고종은 환구단에서 황제로 즉위했으며, ☐☐☐☐의 수립을 선포했어.

1 독립 협회에 관한 설명으로 맞으면 ○표, 틀리면 ×표 하시오.

(1) 서재필은『독립신문』을 창간한 후 개화파 관료들과 함께 독립 협회를 설립하였다. (　　　)

(2) 독립 협회는 자주독립 의식을 확산시키기 위하여 영은문을 세웠다. (　　　)

(3) 독립 협회는 누구나 참여할 수 있는 만민 공동회를 개최하였다. (　　　)

2 다음 (가)에 들어갈 내용으로 알맞은 것을 보기 에서 골라 기호를 쓰시오. (　　　)

역사 이야기

(가)

– 고종, 환구단에서 황제 즉위식을 거행하다 –

보기
㉠ 을미사변
㉡ 통신사 피견
㉢ 대한 제국 선포
㉣ 강화도 조약 체결

한국사능력검정시험 기출
3 밑줄 그은 '이 단체'에 대한 설명으로 옳은 것은? (　　　)

문화유산 입체 모형 발표회

독립문은 청의 사신을 맞이하던 영은문이 있던 자리에 자주독립의 의지를 드높이고자 이 단체가 건립하였습니다.

① 집강소를 설치하였다.
② 서재필 등이 설립하였다.
③ 한국 광복군을 창설하였다.
④ 물산 장려 운동을 주도하였다.

  오늘 나의 실력은? | 확인

정답 확인

근대 문물의 수용으로 생활 모습은 어떻게 변화하였을까?

한국사 3권 4주 5일 ①

다음은 개항 이후 국내에 들어온 근대 문물을 부르던 말이다. 사다리를 타고 내려가서 각 용어가 어떤 것을 이르는 말인지 알아보자.

| 건달불 | 덕률풍 | 화륜거 | 양탕국 |

개항 이후 외국과의 교류가 활발해지면서 새로운 문물이 우리나라로 들어왔어.
새로운 문물을 처음 본 사람들은 신기해 하며 재미난 이름을 붙이기도 하였지.
전등은 발전기가 자주 고장이 나기도 하고, 제멋대로 꺼지고 켜지기를 반복해 건달불이라고 하였어. 기차는 불을 내뿜는 수레라는 뜻으로 화륜거라고 불렀다고 해. 그리고 전화는 텔레폰을 한자식으로 발음하여 덕률풍이라고 하였고, 커피는 검고 쓴맛이 나 마치 탕약 같다고 해 양탕국이라고 하였대.
그럼 새로운 문물이 사람들의 생활 모습을 어떻게 변화시켰는지 자세히 알아보자!

큰별쌤의 영상

근대 문물이 들어오다

전등

1887년 미국의 에디슨 전기 회사로부터 전등 설비를 들여와 경복궁에 최초로 전등을 설치하였어. 당시 경복궁에는 전등에 처음으로 불이 켜지는 것을 보려고 수많은 사람이 몰려들었다고 해. 이후 한성 전기 회사가 설립되어 민간에도 전기가 보급되었어.

전등의 별명이 여러 개였다고요?

당시 전등은 전기 발전기의 열을 물로 식히기 위해 연못가에 설치되었어. 그래서 사람들은 전등을 '물을 먹고 켜진 불'이라며 '물불'이라고 불렀지. 또한, 묘하다며 '묘화', 괴상하다며 '괴화', 건들거리면서 자주 꺼진다며 '건달불' 등 여러 별명으로 불렀단다.

▲ 경복궁 전등에 불이 켜진 모습(상상화)

전차

한성 전기 회사가 세워진 후, 1899년 서대문과 청량리 사이에 전차가 처음으로 운행되었어. 전차를 운행하기 위하여 도로를 정비하고 전봇대를 세우며 거리의 모습은 크게 바뀌었어. 이에 도로 양옆에 있던 초가집은 많이 사라지고 일본식 상가 건물이 들어섰단다.

전화

전화는 고종의 명령을 신하들에게 빠르게 전달하기 위하여 경운궁(덕수궁)에 가장 먼저 설치되었어. 고종이 전화를 걸면 신하들은 관복을 갖춰 입고 절을 올린 후 무릎을 꿇고 전화를 받았다고 해.

철도   우리나라 최초의 **철도**인 경인선은 1899년에 일본 자본에 의해 개통되었어. 일본은 이후 군사적 목적으로 1905년에 경부선, 1906년에 경의선을 개통하였지. 철도 건설 과정에서 일본은 우리의 논밭을 빼앗아 철도 부지로 삼았고, 우리 농민을 강제로 공사에 동원하였어. 이에 철도에 대한 사람들의 반감은 매우 컸단다.

의식주 생활이 변화하다

커피 한잔의 여유!

근대 문물이 들어오면서 의식주 생활에도 변화가 일어났어. 관리들을 중심으로 **양복**이 유행하였고, 여자들은 개량 한복을 입기 시작하였어. 서양 음식이 들어와 왕실과 고위 관리 사이에서 **커피**와 홍차, 케이크 등이 인기를 끌기도 하였어.

도시에는 외국 공사관이나 교회, 성당, 학교 등의 건물이 서양식으로 지어졌어. 덕수궁에도 석조전, 정관헌과 같은 **서양식 건축물**이 들어섰단다.

최초의 근대식 병원, 광혜원

서양 의료 기술은 서양인 선교사에 의해 도입되었어. 이에 따라 1885년 우리나라 최초의 근대식 병원인 광혜원(제중원)이 설립되었단다.

근대 교육이 이루어지다

개항 후 나라가 부강해지려면 무엇보다 근대적 교육이 필요하다는 인식이 확산되었어. 함경도 덕원에서는 주민들이 최초의 근대식 학교인 **원산 학사**를 세워 근대 학문과 외국어를 가르쳤어. 정부에서는 **육영 공원**을 세우고 미국인 헐버트 등의 교사를 초빙해 상류층 자제에게 영어, 수학 등 근대 학문을 가르쳤지.

서양에서 온 선교사들도 배재 학당, 이화 학당 등을 세워 근대 학문을 가르쳤어. 특히 미국의 선교사 스크랜튼 부인이 세운 **이화 학당**은 우리나라 최초의 여성 교육 기관이었단다.

근대식 학교의 수업 모습 ▶

| 근대 문물의 수용으로 변화된 모습 |

❶ 우리나라에서 최초로 전등이 설치된 곳은 [ ][ ][ ]이야.

❷ [ ][ ]는 고종의 명령을 신하들에게 빠르게 전달하기 위해 경운궁에 가장 먼저 설치되었어.

❸ 우리나라 최초의 근대식 학교는 [ ][ ][ ][ ]야.

---

1 다음 다큐멘터리에서 볼 수 있는 장면으로 가장 알맞은 것을 보기 에서 모두 골라 기호를 쓰시오.

(   )

역사 다큐멘터리 기획안

조선, 근대 문물을 만나다

1876년 개항 이후 서양에서 들어온 근대 문물을 접하는 사람들의 모습을 취재하여 소개한다.

보기

㉠ 전차를 운행하는 운행수
㉡ 배재 학당에서 근대 학문을 배우는 학생들
㉢ 거중기를 사용해 수원 화성의 공사를 하는 사람들

---

2 다음은 개항 이후 들어온 근대 문물에 관한 설명이다. ( ) 안에 들어갈 알맞은 말에 ○표 하시오.

(1) 한성 전기 회사가 세워진 후 서대문과 청량리를 오가는 (전차 , 기차)가 운행되었다.

(2) 덕수궁에는 석조전, 정관헌과 같은 (일본식 , 서양식) 건축물이 들어섰다.

(3) 미국의 선교사 스크랜튼 부인이 세운 (배재 학당 , 이화 학당)은 우리나라 최초의 여성 교육 기관이었다.

한국사능력검정시험 기출

3 (가)에 들어갈 근대 시설로 옳은 것은?   (   )

1885년 ○○월 ○○일

오늘은 몸이 좋지 않아 새로 문을 연 [(가)]에 다녀왔다. 미국인 알렌이 건의해서 만들어진 우리나라의 첫 번째 서양식 병원이라고 한다. 쉽게 내키지 않았지만, 서양식 의술로 치료를 받아 보니 생각보다 나쁘지 않았다.

① 광혜원
② 전환국
③ 배재 학당
④ 육영 공원

정답 확인

오늘 나의 실력은?   확인

도전! 한국사능력검정시험

19세기 말 우리나라는 개항을 요구하는 서양의 여러 나라와 일본의 침략을 받았단다.
개항의 과정과 개항 이후 달라진 정치적·사회적 변화 모습에 대해 정리해 보자!

흥선 대원군의 개혁 정치와 통상 수교 거부 정책

개혁 정치	왕권 강화와 민생 안정을 위한 개혁 정치를 펼침. ➡ 비변사 폐지, 서원 정리, 호포제 실시, 경복궁 중건 등
통상 수교 거부 정책	프랑스가 조선에 통상을 요구하며 강화도를 침략한 병인양요, 미국이 제너럴셔먼호 사건을 구실로 강화도를 침략한 신미양요가 일어남. ➡ 척화비를 세워 통상 수교 거부의 뜻을 알림.

조선의 개항과 개항 이후 일어난 일들

조선의 개항 (1876)	• 일본이 운요호 사건을 구실로 개항을 요구하자 조선은 강화도 조약을 맺고 개항을 함. ★• 강화도 조약은 외국과 맺은 최초의 근대적 조약이었으나, 조선에 불리한 불평등한 조약임.
임오군란 (1882)	신식 군대인 별기군에 비해 낮은 대우를 받던 구식 군인들이 난을 일으킴. → 청의 군대 개입으로 진압됨. → 청이 조선의 정치에 간섭하기 시작함.
갑신정변 (1884)	조선의 빠른 근대화를 원하던 급진 개화파가 우정총국의 개국 축하 잔치를 틈타 정변을 일으킴. → 청의 군대 개입으로 3일 만에 실패함. → 청의 내정 간섭이 더욱 심해짐.
동학 농민 운동 (1894)	전봉준의 주도로 고부 농민 봉기가 일어나고 이후 대규모 봉기로 확산함. → 정부와 전주 화약을 맺고 해산함. → 일본이 경복궁을 점령하자 다시 봉기함. → 공주 우금치 전투에서 패배함.

대한 제국의 수립

대한 제국 수립 전의 상황	• 일본의 간섭 아래 갑오개혁이 추진됨. ➡ 신분제가 폐지됨. • 을미사변 이후 고종이 러시아 공사관으로 거처를 옮김(아관 파천). • 서재필이 『독립신문』을 창간하고 독립 협회를 설립함. ➡ 독립 협회가 독립문을 세우고 만민 공동회를 개최함.
대한 제국의 수립	경운궁(덕수궁)으로 돌아온 ★고종이 환구단에서 황제로 즉위하고, 대한 제국 수립을 선포함.

근대 문물의 수용으로 변화된 모습

근대 문물의 도입	전등의 설치, 전차의 운행, 전화의 도입, 철도의 개통 등이 이루어짐.
근대 교육의 확산	최초의 근대식 학교인 원산 학사, 정부에서 세운 육영 공원, 서양에서 온 선교사들이 세운 배재 학당, 이화 학당 등에서 근대 교육이 이루어짐.

1 (가)에 들어갈 내용으로 옳은 것은?(   )

이달의 **역사 인물**

흥선 대원군
이하응

• **시대:** 조선
• **업적**
– 서원을 대폭 정리하였다.
– 전국에 척화비를 세웠다.
– 양반에게도 군포를 거두었다.
– ___(가)___

① 균역법을 시행하였다.
② 장용영을 설치하였다.
③ 집현전을 설립하였다.
④ 경복궁을 다시 지었다.

2 밑줄 그은 '이 사건'으로 옳은 것은? (   )

이 깃발은 제너럴셔먼호 사건을
빌미로 미군이 강화도를 침략한
'이 사건' 때 미군이 빼앗아 간
수(帥)자기예요.

① 병인양요   ② 신미양요
③ 을미사변   ④ 아관 파천

3 (가)에 들어갈 사건으로 옳은 것은?(   )

학습지 주제: ___(가)___ 이름:

학습 내용 1 왜 일어났나요?

신식 군대에 비해 낮은 대우를 받고 있던 구식 군인
들에게 오랜만에 월급으로 지급된 쌀에 모래와 겨가
섞여 있었어요.

학습 내용 2 어떻게 전개되었나요?

구식 군인들이 관청과 일본 공사관을 습격하였어요.
군인들의 봉기에 한성의 빈민들도 동참하였지요. 군
인들이 명성 황후를 붙잡으려 하자, 명성 황후는 피
신하여 청나라에 도움을 청하였어요.

① 갑신정변   ② 갑오개혁
③ 을미사변   ④ 임오군란

4 다음 가상 인터뷰의 밑줄 그은 '거사'에 해당하
는 사건으로 옳은 것은?   (   )

저는 박영효 등과 함께 새로운 정치를
꿈꾸며 우정총국 개국 축하 잔치를 기회
로 거사를 감행하였습니다. 그러나 청군
의 개입으로 3일 만에 실패하면서 일본
으로 망명할 수밖에 없었습니다.

일본으로 망명을
가게 된 이유에 관해
설명해 주세요.

김옥균

① 갑신정변
② 아관 파천
③ 동학 농민 운동
④ 강화도 조약 체결

5 밑줄 그은 '이 운동'의 전개 과정에서 있었던 일로 옳은 것은? (   )

조사 계획서

이 동상은 서울 종로에 있는 전봉준의 동상입니다. 전봉준은 조선 후기 '이 운동'을 주도한 인물로 녹두 장군이라 불리기도 하였습니다.

① 전주 화약을 맺었다.
② 단발령이 선포되었다.
③ 대한 제국이 수립되었다.
④ 삼정이정청이 설치되었다.

6 밑줄 그은 '개혁'의 내용으로 옳은 것은? (   )

□□신문

제△△호   1894년 ○○월 ○○일

군국기무처, 과거제 폐지 의결

군국기무처가 오늘 과거제 폐지를 의결하였다는 소식이다. 군국기무처는 출범 이후 조혼 금지, 과부의 재가 허용 등 개혁을 추진해 왔다.
과거제가 폐지되면서 군국기무처는 관리 선발을 위한 새로운 법을 제정할 것으로 알려지며 많은 관심을 받고 있다.

① 단발령을 시행하였다.
② 비변사를 혁파하였다.
③ 신분제를 폐지하였다.
④ 당백전을 발행하였다.

7 밑줄 그은 '이 단체'에 관한 설명으로 옳은 것은? (   )

독립문은 청의 사신을 맞이하던 영은문이 있던 자리 부근에 자주독립의 의지를 드높이고자 이 단체가 건립하였습니다.

① 갑신정변을 일으켰다.
② 만민 공동회를 개최하였다.
③ 일본에 수신사를 파견하였다.
④ 전국 각지에 척화비를 세웠다.

8 다음 퀴즈의 정답으로 옳은 것은? (   )

우리나라 역사 퀴즈 대회

조선 시대에 미국의 선교사 스크랜튼이 세운 학교로, 우리나라 최초의 여성 교육 기관은 무엇일까요?

① 원산 학사
② 육영 공원
③ 이화 학당
④ 배재 학당

다음은 한국사능력검정시험에 자주 출제되는 핵심 낱말을 뽑아 구성한 가로세로 퍼즐이다. 공부한 내용을 떠올리며 퍼즐을 완성해 보자.

가로 열쇠

❶ 1871년 미국이 제너럴셔먼호 사건을 구실로 강화도를 침략한 사건을 ○○○○라고 한다.

❷ ○○ ○○ ○○은 고부 농민 봉기를 시작으로 전봉준 등이 중심이 되어 일어난 운동이다.

❸ 조선 시대에 세도 가문을 뒷받침하는 권력의 핵심 기구로, 흥선 대원군이 폐지하였다.

❹ 『독립신문』을 창간한 서재필과 개화파 관료들이 함께 설립한 단체이다.

❺ 양반에게도 군포를 내게 한 제도이다.

❻ 조선이 외국과 맺은 최초의 근대적 조약이다.

세로 열쇠

❶ 일본이 경복궁에 침입하여 명성 황후를 시해하고 시신을 불태우는 만행을 저지른 사건을 말한다.

❷ 고부 농민 봉기가 일어나기 전, 전봉준을 비롯한 동학의 지도자들은 결의를 다지기 위해 ○○○○에 이름을 적었다.

❸ 독립 협회가 자주독립 의식을 확산시키기 위해 영은문을 허물고 그 자리 부근에 세운 것이다.

❹ ○○ ○○○는 최초의 근대적 민중 집회였다.

❺ 고종은 환구단에서 하늘에 제사를 지내고 황제로 즉위하였으며, ○○ ○○ 수립을 선포하였다.

을사늑약에 맞서 우리 민족은 어떻게 저항하였을까?

다음은 을사년(1905)에 일본이 고종의 거부에도 불구하고 대한 제국과 강제로 조약을 체결하며 작성한 문서이다. 초성 힌트를 보고, □□ 안에 들어갈 말을 써 보자.

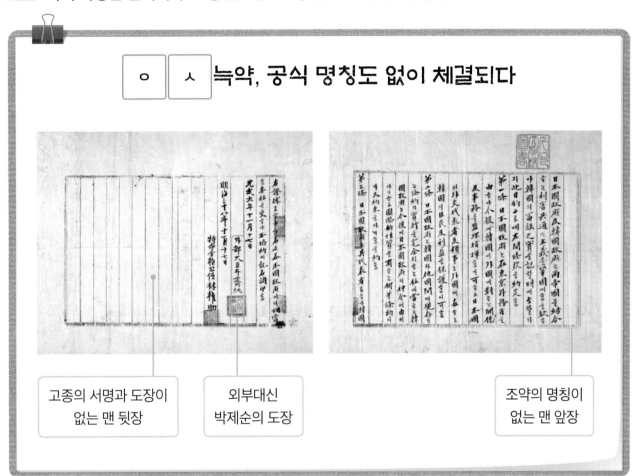

ㅇ ㅅ 늑약, 공식 명칭도 없이 체결되다

고종의 서명과 도장이 없는 맨 뒷장

외부대신 박제순의 도장

조약의 명칭이 없는 맨 앞장

1905년 11월, 일본은 대한 제국의 외교권을 빼앗는 을사늑약을 체결하였어.

고종의 거부에도 불구하고 강제로 맺은 조약이기 때문에 '늑약(勒約)'이라는 이름이 붙었지.

을사늑약 조약문을 보면, 조약의 명칭도 없고 고종의 서명과 도장도 찾아볼 수가 없어.

외부대신인 박제순의 도장이 있긴 하지만, 박제순은 고종에게 권한을 위임받은 적이 없었지. 따라서 이 조약은 국제법상 무효가 맞단다.

그럼 을사늑약의 체결 과정과 이후 국권의 침탈 과정을 자세히 알아보자!

큰별쌤의 영상

일본, 러일 전쟁을 일으키고 한국을 침략하다

러일 전쟁이 일어나다

청일 전쟁에서 승리한 일본은 만주와 한반도에서의 주도권을 두고 러시아와 치열하게 대립하였어. 일본과 러시아 간에 전쟁의 기운이 돌자 대한 제국은 두 나라 중 어느 쪽의 편도 들지 않겠다고 중립을 선언하였지. 일본은 이를 무시하고 대한 제국을 차지하기 위해 러시아와 전쟁을 벌였어(러일 전쟁).

한국은 이제 우리 것이다.

일본은 전쟁이 시작되자 군대를 이끌고 들어와 한성을 점령하였어. 그리고 우리 영토와 시설을 군사적으로 이용하였고 물자 운반에 한국인을 강제로 동원하였어.

일본이 독도를 강탈하다

일본은 러일 전쟁 중에 독도를 자신들의 영토에 강제로 편입시켰어. 이는 국제법상 명백한 불법 행위였고, 우리 영토에 대한 침략 행위였지. 1945년 광복과 함께 독도는 다시 우리의 영토가 되었지만, 일본은 아직도 독도를 자기네 땅이라고 주장하고 있어.

조선 후기 숙종 때에는 안용복이 무려 두 차례나 일본에 건너가 울릉도와 독도가 우리 땅이라는 것을 확인받아 오기도 하였어. 대한 제국은 고종의 칙령을 통해 울릉도를 군으로 승격하여 독도를 관할하게 하였지. 일본의 옛 문헌 자료에서도 일본 스스로 독도가 우리나라의 땅임을 인정한 사실을 확인할 수 있단다. 이렇게 여러 기록을 통해 알 수 있듯이 독도는 대한민국이 영토 주권을 행사하는 명백한 우리의 영토란다.

독도는 역사적·지리적·국제법적으로 명백한 우리의 영토야.

일본, 한국을 강제로 병합하다

을사늑약이 체결되다

러일 전쟁에서 승리한 일본은 대한 제국을 본격적으로 침략하기 시작하였어.

1905년 11월, 일본의 특사로 대한 제국에 온 이토 히로부미는 고종이 완강히 거부했음에도 불구하고 군대로 궁궐을 포위한 상태에서

▲ 을사늑약 장면을 그린 풍자화

을사늑약을 강제로 체결하였어. 일본은 을사늑약에 따라 대한 제국의 외교권을 빼앗고 통감부를 설치해 대한 제국의 내정을 장악하였단다.

고종 황제가 퇴위당하고 군대가 해산되다

우리는 대한 제국의 특사단이오.

우리를 회의에 참석하게 해 주시오!

이준   이상설   이위종

고종은 을사늑약이 무효임을 국제 사회에 알리기 위해 만국 평화 회의가 열리는 네덜란드 헤이그에 특사를 파견하였어. 하지만 이들은 일본의 방해로 회의에 참석조차 하지 못하였지.

일본은 헤이그 특사 파견을 구실로 고종을 강제로 퇴위시켰어. 또한, 대한 제국 정부가 더는 일본에 맞설 수 없도록 대한 제국의 군대를 해산시켰단다. 이후 일본은 사법권과 경찰권마저 빼앗았어.

일제가 국권을 빼앗다

1910년 8월 29일, 대한 제국은 일제에 국권마저 빼앗기고 말았어. 국권을 빼앗긴 대한 제국은 다시 '조선'이라 불렸고, 일본에서 파견된 조선 총독이 최고 통치자가 되었어. 결국 대한 제국은 일제의 식민지로 전락하고 만단다.

일제

'일본 제국주의' 또는 '일본 제국'을 줄인 말로, 자기 나라의 이익을 위하여 여러 나라를 침략한 일본을 일컫는 말이다.

| 러일 전쟁과 일제의 침략 |

❶ 일본은 러일 전쟁 중에 우리 영토인 ☐☐ 를 자신들의 영토에 강제로 편입시켰어.

❷ 일본은 을사늑약을 강제로 체결하여 대한 제국의 ☐☐☐ 을 빼앗았어.

❸ 일본은 헤이그 특사 파견을 구실로 ☐☐ 을 강제로 퇴위시켰고, 대한 제국의 ☐☐ 를 해산시켰어.

---

1 다음 (가)~(마) 사건을 일어난 순서대로 나열하시오.

(   ) → (   ) → (   ) → (   ) → (   )

(가)	(나)	(다)	(라)	(마)
러일 전쟁	고종의 강제 퇴위	을사늑약 체결	헤이그 특사 파견	대한 제국의 국권 피탈

---

2 고종이 네덜란드 헤이그에 다음 특사를 파견한 이유를 쓰시오.

▲ **헤이그 특사** 왼쪽부터 이준, 이상설, 이위종

---

3 밑줄 그은 '조약'이 체결된 시기를 연표에서 옳게 고른 것은? (   )

이곳은 일제가 우리나라의 외교권을 빼앗기 위해 강제로 조약을 체결한 현장입니다.

중명전

① (가)
② (나)
③ (다)
④ (라)

1871	1882	1895	1904	1910
(가)	(나)	(다)	(라)	
신미양요	임오군란	을미사변	러일전쟁	국권피탈

정답 확인

오늘 나의 실력은?   확인

우리 민족은 나라를 지키기 위하여 어떤 노력을 하였을까?

 다음 그림은 안중근이 우리나라를 빼앗는 데 앞장선 이토 히로부미를 저격하는 모습을 그린 것이다. 안중근을 찾아 동그라미 해 보자.

일제의 국권 침탈이 본격화되자 우리 민족은 나라를 지키기 위하여 노력하였어.

일제의 침략에 맞서 항일 의병 운동이 치열하게 전개되었고 항일 의거 활동도 이루어졌어.

안중근은 중국의 하얼빈에서 을사늑약을 강요한 이토 히로부미를 저격하였지. 또한, 우리 민족은 교육을 통해 민족의 실력을 키우려고 노력하였고, 나라 밖에서는 무관 학교를 세워 독립군을 양성하기도 하였단다.

그럼 우리 민족이 일제의 국권 침탈에 맞서 어떤 노력을 펼쳤는지 자세히 알아보자!

항일 의병이 일어나다

일제의 만행으로 나라에 어려운 일이 생길 때마다 우리 민족은 의병을 조직해 일제에 대항하였어. 의병은 백성이 자발적으로 조직한 군대였지.

▲ 평민 의병장 신돌석
신돌석은 태백산맥 일대에서 활약하여 '태백산 호랑이'라는 별명을 얻기도 하였다.

을미의병　　항일 의병은 명성 황후가 시해되고 단발령이 실시되자 이에 반발한 유생과 농민을 중심으로 처음 일어났어. 그러나 아관파천 이후 고종이 단발령을 취소하고 의병의 해산을 권유하자 의병은 대부분 해산하였어.

을사의병　　이후 을사늑약이 체결되어 나라가 큰 위기를 맞게 되자, 전국 각지에서 의병이 다시 일어났어. 이때에는 유생뿐만 아니라 신돌석과 같은 평민 출신 의병장이 크게 활약하였어.

정미의병　　고종이 강제로 퇴위당하고 대한 제국 군대가 해산되자, 전국 각지에서 의병 운동이 한층 강하게 전개되었어. 특히 해산된 군인들이 의병에 합류하면서 전투력이 강화되었어. 이때의 의병은 유생과 농민을 비롯해 해산 군인, 상인 등 전 계층이 참여한 의병 전쟁으로 발전하였단다.

의병 전쟁이 전국으로 확산되자, 의병 지도자들은 이인영을 총대장으로 한 13도 연합 의병 부대(13도 창의군)를 만들었어. 13도 창의군은 일본군이 장악하고 있던 한성을 되찾기 위해 서울 진공 작전을 벌였으나 실패하고 말았단다.

서울 진공 작전이 실패한 뒤에도 의병들은 투쟁을 이어 갔어. 이에 일본은 의병에 대한 대대적인 탄압에 들어갔고, 이 과정에서 많은 의병이 희생되었어. 이에 따라 국내 활동이 어려워진 의병들은 국외로 이동해 투쟁을 전개하였어.

진공(進 나아갈 **진**, 攻 칠 **공**)
적을 치기 위하여 앞으로 나아가는 것을 말한다.

정미의병에 참여한 의병의 면담 내용

"일본을 이기기 힘들다는 것은 알고 있습니다. 어차피 싸우다 죽겠지요. 그러나 일본의 노예로 사느니 자유민으로 싸우다 죽는 것이 낫습니다."

애국 계몽 운동이 일어나다

항일 의병 운동이 전개되는 가운데, 민족의 힘과 실력을 키워 나라를 지키려고 한 사람들도 있었어. 이들은 학교를 세워 인재를 양성하였고, 신문과 잡지를 통해 국민을 계몽하였어. 또한, 산업을 발전시켜 나라를 부강하게 만들고자 하였지. 이와 같은 활동을 통틀어 애국 계몽 운동이라고 해.

일제의 침략이 가속화되는 가운데 항일 비밀 단체가 활발하게 조직되었어. 대표적인 것이 안창호, 양기탁 등이 조직한 신민회야. 신민회는 오산 학교와 대성 학교 등을 세워 인재를 기르는 한편, 자기 회사와 태극 서관 등을 운영해 민족 산업을 키우려고 하였어. 또한, 장기적인 독립운동을 위하여 국외 독립운동 기지 건설에도 힘을 기울였단다.

계몽(啓 열 계, 蒙 어두울 몽)
지식수준이 낮은 사람을 가르쳐서 깨우치는 것을 말한다.

이승훈

나는 정주에 오산 학교를 세웠소.

안창호

나는 평양에 대성 학교를 세웠소.

언론 단체에서도 항일 운동을 전개하였어. 『황성신문』은 을사늑약 체결과 일제의 침략을 비판하는 장지연의 논설인 「시일야방성대곡」을 실었어. 『대한매일신보』는 의병 운동을 긍정적으로 보도하였고, 국채 보상 운동(1907)을 지원하였지. 국채 보상 운동은 일제에 진 나랏빚을 국민 스스로 갚아 경제적으로 자립하자는 운동이었단다.

항일 의거 활동을 펼치다

을사늑약이 체결된 후, 매국노와 일본 침략자를 직접 응징하려는 의거 활동도 일어났어. 미국에서는 전명운과 장인환이 일제의 침략을 지지한 스티븐스를 저격하였고, 안중근은 우리나라의 침략에 앞장선 이토 히로부미를 저격하였단다. 또한, 이재명은 친일 매국노 이완용을 공격하여 부상을 입혔어.

안중근 ▶
단지 동맹을 맺으면서 손가락을 잘라 항일 투쟁의 의지를 다졌다.

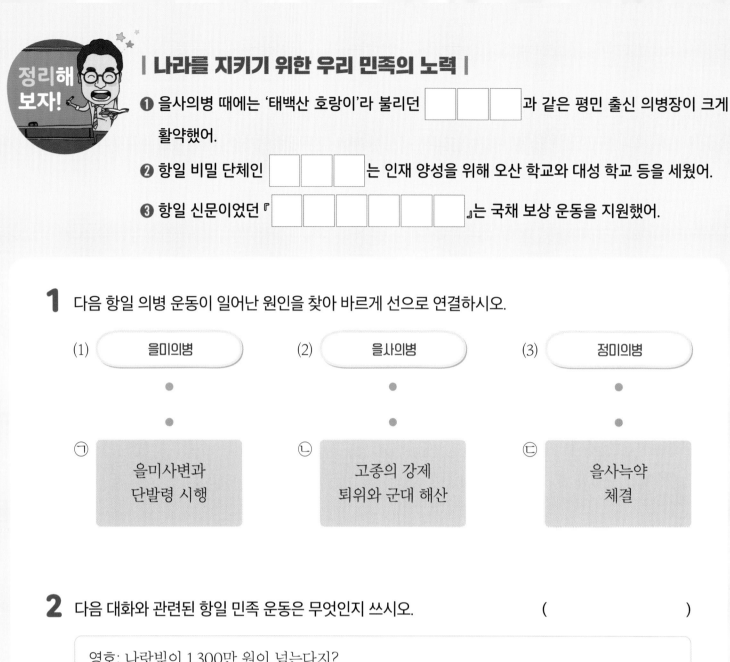

| 나라를 지키기 위한 우리 민족의 노력 |

정리해보자!

❶ 을사의병 때에는 '태백산 호랑이'라 불리던 ☐☐☐ 과 같은 평민 출신 의병장이 크게 활약했어.

❷ 항일 비밀 단체인 ☐☐☐ 는 인재 양성을 위해 오산 학교와 대성 학교 등을 세웠어.

❸ 항일 신문이었던 『☐☐☐☐☐☐』는 국채 보상 운동을 지원했어.

1 다음 항일 의병 운동이 일어난 원인을 찾아 바르게 선으로 연결하시오.

(1) 을미의병　　　　(2) 을사의병　　　　(3) 정미의병

㉠ 을미사변과 단발령 시행　　　㉡ 고종의 강제 퇴위와 군대 해산　　　㉢ 을사늑약 체결

2 다음 대화와 관련된 항일 민족 운동은 무엇인지 쓰시오.　　　(　　　　　　)

> 영호: 나랏빚이 1,300만 원이 넘는다지?
> 민건: 일본이 빚을 빌미로 우리나라를 마음대로 하려고 한다니 걱정일세.
> 영호: 대구에서 나랏빚을 국민의 힘으로 갚자는 운동이 일어났다는데 우리도 참여하세.
> 민건: 난 담배를 끊어 그 돈을 성금으로 내겠네.

3 밑줄 그은 '나'에 해당하는 인물로 옳은 것은?　　　(　　　　　　)

이토 히로부미를 저격한 이유는 무엇인가?

나는 대한 의군 참모 중장 자격으로 이토 히로부미가 동양의 평화를 어지럽혔기에 사살하였다.

① 김상옥
② 김원봉
③ 안중근
④ 윤봉길

일제의 무단 통치로 우리 민족은 어떤 어려움을 겪었을까?

 다음은 우리나라의 역사 인물 카드이다. 초성 힌트를 보고, □□□ 안에 들어갈 인물 카드의 주인공을 써 보자.

카드 앞면

카드 뒷면

ㅇ ㅎ ㅇ

(1867~1932)

서울 출생으로 일제의 국권 침탈에
반대해 그의 다섯 형제들과 함께
막대한 재산을 처분하고 고향을 떠나
만주 지역에서 독립운동을 하였다.
1911년 이상룡, 이동녕 등과
신흥 강습소를 설립해
독립군 양성에 이바지하였다.

큰별쌤의 영상

1910년 일제에 나라를 강제로 빼앗기자 편안한 삶을 버리고 만주로 간 사람이 있어. 바로 이회영이야. 그는 형제들과 함께 전 재산을 처분하고 만주로 가서 이상룡, 이동녕 등과 신흥 강습소를 세우고 독립군을 길러 냈어.

독립운동에 헌신한 이회영은 결국 경찰에 체포돼 고문 끝에 숨을 거두었어. 그의 가족들도 추위와 배고픔 속에서 독립운동을 하다가 죽음을 맞이하였지. 당시 최고의 명문가이자 갑부였던 이들은 마음만 먹으면 얼마든지 편안한 삶을 살 수 있었지만, 조국의 독립을 위해 고난의 길을 걸었던 것이란다.

그럼 1910년대 일제의 무단 통치에 맞서 우리 민족은 어떻게 저항하였는지 자세히 알아보자!

헌병 경찰을 동원해 무단 통치를 실시하다

▲ 경복궁과 조선 총독부
일제는 경복궁의 여러 건물을 훼손하고 조선 총독부 건물을 지었다.

한국의 국권을 강제로 빼앗은 일제는 식민 통치의 최고 기구인 **조선 총독부**를 설치해 한국인을 지배하고자 하였어.

그리고 **헌병 경찰제**를 바탕으로 강압적인 무단 통치를 실시하였어. 군대 안의 경찰인 헌병에게 경찰의 임무를 주어 한국인의 사소한 일상생활까지도 감시하게 하였지. 헌병 경찰은 재판 없이 처벌할 수 있는 권한도 가지고 있었는데, 이를 이용해 한국인에게 태형 등의 형벌을 가하였어. 태형은 몽둥이로 사람의 볼기를 때리는 형벌이었는데, 당시 일제는 한국인에게만 적용되는 **조선 태형령**을 만들어 무자비하고 악랄하게 한국인을 괴롭혔어.

일제는 일반 관리뿐만 아니라 교사에게도 제복을 입고 칼을 차게 하였어. 공포 분위기를 조성해 일제에 저항하지 못하도록 한 것이지. 또한, 일제는 한국인이 발행하는 모든 신문을 폐간하였고, 민족의식을 일깨우는 역사서 및 잡지의 출판도 금지하였단다.

토지 조사 사업을 실시하다

일제는 토지의 소유자를 확인한다는 명분으로 **토지 조사 사업(1910~1918)**을 실시하였어. 하지만 진짜 목적은 식민지 지배에 필요한 재정을 확보하는 것이었지. 토지 주인이 자신의 토지에 대한 소유권을 인정받으려면 정해진 기간 내에 신고해야 했어. 그러나 신고 절차가 복잡하고 어려워서 제때 신고하지 못해 소유권을 잃는 경우도 있었단다.

이 과정에서 신고되지 않은 토지, 소유자가 분명하지 않은 마을 공동의 토지, 국가 소유의 토지 등을 조선 총독부가 차지하였어. 조선 총독부의 소유가 된 토지는 동양 척식 주식회사와 일본인에게 싼값에 넘겨졌지.

이로 인해 많은 농민은 비싸진 토지 사용료를 부담해야 하는 등 생활이 더욱 어려워졌단다.

● 동양 척식 주식회사
1908년 일제가 대한 제국의 토지와 자원을 빼앗기 위하여 설립한 회사이다.

나라 안팎에서 일제에 저항하다

우리 민족은 일제의 탄압과 수탈로 많은 어려움을 겪었지만 이에 굴하지 않고 나라 안팎에서 저항을 계속하였어. 국내에서는 독립운동가들이 헌병 경찰의 감시를 피해 **항일 비밀 결사를 조직**하여 활동하였어. 박상진 등이 조직한 **대한 광복회**는 군자금을 모아 만주에 무관 학교를 세우려고 하였으며, 친일파 처단에 앞장서기도 하였지.

국내에서 활동이 어려워진 독립운동가들은 국외에 **독립운동 기지를 건설**하여 독립운동을 이어 나갔어. 특히 지리적으로 가까운 만주와 연해주 지역에 독립운동 기지를 건설하여 항일 운동의 거점으로 삼고자 하였지.

신민회 회원이었던 이회영 등은 만주 삼원보에 **신흥 무관 학교**의 출발이 되었던 **신흥 강습소**를 설립하였어. 신흥 강습소는 군사 교육을 실시하여 많은 독립군을 양성하였지. 연해주 블라디보스토크에서는 자치 단체인 권업회가 조직되어 동포 사회를 이끌었어. 권업회는 효과적인 독립 전쟁을 위하여 대한 광복군 정부를 조직하였단다.

▲ 농사를 지으며 군사 훈련을 받던 신흥 무관 학교 학생들

블라디보스토크

백두산

삼원보

신흥 강습소(1911) →
신흥 무관 학교(1919)

권업회
대한 광복군 정부

동해

황해

| 일제의 무단 통치와 국내외 독립운동 |

❶ 1910년대 일제는 ☐☐☐☐ 제를 바탕으로 강압적인 무단 통치를 실시했어.

❷ 조선 총독부는 토지의 소유자를 확인한다는 명분으로 ☐☐☐ 사업을 실시했어.

❸ 이회영 등이 만주에 설립한 신흥 강습소는 군사 교육을 실시하여 독립군을 양성하였고, 이후

☐☐☐☐☐☐로 발전하였어.

1 1910년대 일제의 무단 통치 시기에 볼 수 있었던 모습을 <u>잘못</u> 말한 사람의 이름을 쓰시오.

(   )

통감부를 설치하였어. — 선하

헌병 경찰제를 실시하였어. — 민욱

토지 조사 사업을 실시하였어. — 주아

2 다음 인물과 업적을 바르게 선으로 연결하시오.

(1) 이회영 •

(2) 박상진 •

• ㉠ 대한 광복회를 결성하였어.

• ㉡ 신흥 강습소를 설립하였어.

3 (가)에 들어갈 기구로 옳은 것은?   (   )

이것은 광복 50주년을 맞아 일제 식민 통치의 최고 기구였던 ☐(가)☐ 청사를 철거하고 남은 첨탑입니다.

① 조선 신궁
② 조선 총독부
③ 종로 경찰서
④ 동양 척식 주식회사

5주 5일 3·1 운동은 왜 일어났을까?

 다음은 1919년 3월 1일, 학생과 시민이 독립 선언서를 낭독하고 태극기를 흔들며 만세 시위를 벌이는 모습이다. 만세 시위 모습을 색칠하며, 독립에 대한 한국인의 열망을 느껴 보자.

'대한 독립 만세!'를 외치는 함성이 들리는 것 같지 않니?

일제의 폭력적이고 강압적인 식민 지배 속에서도 우리 민족은 적극적으로 항일 투쟁을 이어 나갔어. 국내에서는 비밀 결사 활동, 국외에서는 독립운동 기지 건설로 일제에 저항하였지. 이러한 노력과 더불어 미국의 윌슨 대통령이 민족 자결주의를 발표하는 등 국제 사회의 정치적 상황에 변화가 일어나자, 우리 민족은 우리 역사상 최대 규모의 민족 운동인 3·1 운동을 전개한단다.

그럼 3·1 운동이 일어난 배경과 그 전개 과정을 우리 함께 자세히 알아보자!

온 겨레에 독립운동의 분위기가 무르익다

제1차 세계 대전
1914~1918년에 일어난 대규모 세계 전쟁으로 30여 국가가 참전하였다.

일제의 강압적인 통치가 계속되던 때, 나라 밖에서는 제1차 세계 대전이 일어났어. 전쟁이 끝나갈 무렵 미국의 윌슨 대통령은 민족 자결주의를 주장하였어.

각 민족은 외부의 간섭을 받지 않고
자신의 정치적 운명을 스스로 결정할 권리가 있다.

민족 자결주의는 전쟁에서 진 나라의 식민지에만 적용되어 전쟁에서 승리한 일본의 식민지였던 우리나라에는 해당되지 않았어. 하지만 우리 민족은 이러한 국제적 상황을 독립의 좋은 기회로 삼았단다.

일본에서는 한국인 유학생들이 2·8 독립 선언을 발표해 한국의 독립을 주장하였어. 국내에서도 독립운동을 일으키려는 움직임이 일어났지. 그러던 중에 고종이 갑자기 서거하자, 일제에 의해 독살되었다는 소문이 퍼져 국민이 크게 분노하였어. 이에 종교계 인사와 학생들은 고종의 장례일에 즈음하여 전국적인 만세 시위를 벌이기로 계획하였어.

3·1 운동을 전개하다

1919년 3월 1일, 민족 대표들은 서울의 태화관에 모여 독립 선언서에 서명하고 대한의 독립을 선언하는 독립 선언식을 하였어. 원래 민족 대표들은 탑골 공원에서 독립 선언식을 할 생각이었지만, 시위가 과격해질 것을 우려해 태화관이라는 음식점으로 장소를 옮긴 것이란다.

▲ 3·1 독립 선언서
우리나라가 일제의 간섭과 지배에서 벗어나 독립한 자주적인 나라임을 국내외에 알리는 내용이 담겨 있다.

◀ 독립 선언을 준비하는 민족 대표 33인

탑골 공원에 모여 있던 학생과 시민은 독립 선언서를 낭독하고 '대한 독립 만세'를 외치며 만세 시위를 벌였어. 여기에 수많은 시민이 함께하며 거리는 만세 소리로 가득하였지. 비슷한 시각 평양, 원산 등에서도 만세 시위가 벌어졌고, 순식간에 전국의 주요 도시로 시위가 확산되었단다.

우리 민족의 전국적인 만세 시위에 당황한 일제는 경찰과 군대를 동원해 총칼로 시위대를 진압하였어. 이에 따라 비폭력 평화 시위는 점차 무력 투쟁 운동으로 발전하였지. 우리 민족의 시위가 격렬해지자, 일제는 전국에서 사람들을 무자비하게 학살하였어. 경기도 화성군 제암리에서는 일본군이 교회에 마을 사람들을 모아 놓고 총을 쏘아 죽였어. 그리고 집집마다 불을 질러 마을 전체를 폐허로 만들었지. 이러한 일제의 잔혹한 탄압과 만행에도 불구하고 3·1 운동은 만주와 연해주, 미국 등 국외로도 확산되었단다.

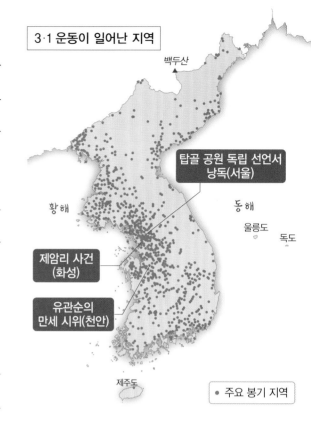

3·1 운동이 일어난 지역

백두산

탑골 공원 독립 선언서 낭독(서울)

황해 / 동해 / 울릉도 / 독도

제암리 사건 (화성)

유관순의 만세 시위(천안)

제주도

● 주요 봉기 지역

3·1 운동은 일제의 무자비한 탄압으로 좌절되었지만, 거의 모든 지역에서 전 계층이 참여한 우리 역사상 **최대 규모의 민족 운동**이었어. 이를 통해 우리 민족이 얼마나 독립을 열망하는지 일제와 전 세계에 알렸지. 이러한 3·1 운동은 중국의 5·4 운동 등 다른 나라의 민족 운동에도 영향을 주었단다.

유관순 열사의 만세 시위

이화 학당의 학생이었던 유관순은 3·1 운동이 일어나자 이화 학당의 다른 학생들과 함께 만세 시위에 참여하였어.

이후 전국에 휴교령이 내려지자, 유관순은 고향인 충청남도 천안으로 내려가 아우내 장터에서 만세 시위를 주도하였어. 일제는 시위하는 사람들에게 총을 쏘며 무자비하게 탄압하였지. 유관순의 부모를 비롯한 많은 사람은 만세 시위 중 일제에 의해 목숨을 잃었고, 유관순은 주모자로 체포되어 서대문 형무소에 수감되었어.

유관순은 감옥에서 모진 고문을 받으면서도 '대한 독립 만세!'를 외쳤지. 그러나 유관순은 계속된 고문과 영양 실조로 결국 18세의 어린 나이로 순국하고 말았어.

▲ 서대문 형무소에 수감된 유관순의 수형 기록 카드

| 3·1 운동 |

❶ 미국의 윌슨 대통령이 주장한 ☐☐☐☐☐ 는 우리 민족에게 독립에 대한 희망을 줬어.

❷ 3·1 운동 당시 탑골 공원에서 학생과 시민은 독립 선언서를 낭독하고 '☐☐☐☐ ☐☐'를 외치며 만세 시위를 벌였어.

❸ 이화 학당의 학생이었던 ☐☐☐ 은 천안 아우내 장터에서 만세 시위를 주도했어.

---

1 다음 〈보기〉에서 3·1 운동이 일어나게 된 배경으로 옳은 것을 모두 골라 기호를 쓰시오.
(   )

〈보기〉

㉠ 대한민국 임시 정부가 수립되었다.
㉡ 미국의 윌슨 대통령이 민족 자결주의를 주장하였다.
㉢ 일본에서 한국인 유학생들이 2·8 독립 선언을 발표하였다.
㉣ 일제가 경기도 화성군 제암리의 마을 사람들을 무자비하게 학살하였다.

2 3·1 운동에 관해 <u>잘못</u> 설명한 사람의 이름을 쓰시오. (   )

우리 역사상 최대 규모의 민족 운동이었지. 지선
만세 시위는 국외에서도 일어났어. 민재
거의 모든 지역에서 일어났어. 경수
통감부의 탄압으로 시위가 중단되었어. 설아

한국사능력검정시험 기출

3 (가)에 들어갈 사건으로 옳은 것은? (   )

역사 속, 오늘 **1919년 2월 8일**

이날 일본 도쿄에서 우리나라 유학생들이 독립 선언서를 발표하였습니다. 이 사건은 국내에 자극을 주어 일제 강점기 최대의 민족 운동인 ☐(가)☐ 의 도화선이 되었습니다.

① 3·1 운동
② 브나로드 운동
③ 국채 보상 운동
④ 동학 농민 운동

정답 확인

오늘 나의 실력은? | 확인

2. 근·현대 사회의 전개

대한민국 임시 정부는 나라를 되찾기 위하여 어떤 노력을 하였을까?

 다음은 윤봉길이 상하이 훙커우 공원에서 열린 일본 왕의 생일과 상하이 점령을 축하하는 기념 식장에 폭탄을 던지는 의거를 행하는 모습이다. 윤봉길을 찾아 동그라미 해 보자.

3·1 운동을 계기로 대한민국 임시 정부가 수립되었어.

대한민국 임시 정부는 독립운동을 이끌어 갈 민족 대표 기구로, 독립을 위한 다양한 활동을 전개하였지. 특히 대한민국 임시 정부의 김구는 한인 애국단을 조직하여 일제의 주요 인물을 처단하였어. 한인 애국단원이었던 윤봉길의 의거는 한국인의 독립 의지를 널리 알리고, 중국 정부가 대한민국 임시 정부를 지원하는 계기를 마련하였단다.

그럼 대한민국 임시 정부가 어떤 활동을 전개하였는지 자세히 알아보자!

큰별쌤의 영상

대한민국 임시 정부를 수립하다

3·1 운동 직후 국내외 여러 지역에 임시 정부가 수립되었어. 연해주의 대한 국민 의회, 상하이의 대한민국 임시 정부, 국내의 한성 정부는 독립운동을 조직적이고 체계적으로 이끌기 위하여 곧바로 통합을 논의하였지.

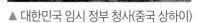

▲ 대한민국 임시 정부 청사(중국 상하이)

여러 차례의 논의 결과, 1919년 9월 중국 상하이에서 여러 임시 정부를 통합한 대한민국 임시 정부가 수립되었어. 대한민국 임시 정부를 중국 상하이에 둔 것은 일제의 영향력이 비교적 약하고 세계 여러 나라와 외교 활동을 펴기에 유리하였기 때문이야.

대한민국 임시 정부에서 발행한 시민증이에요.

대한민국 임시 정부는 3·1 운동의 정신을 바탕으로 주권이 국민에게 있음을 밝히고 민주주의 정치 체제를 갖추었어. 대한민국 임시 정부의 수립으로 황제의 나라인 대한 제국에서 국민의 나라인 대한민국으로 첫걸음을 내딛게 된 것이란다.

대한민국 임시 정부, 독립운동을 전개하다

대한민국 임시 정부의 활동

대한민국 임시 정부는 나라 안팎에서 독립운동을 조직적으로 이끌었어. 먼저 독립운동에 필요한 자금을 모으고, 국내외 독립운동에 대한 정보를 주고받기 위하여 비밀 조직인 연통제와 교통국을 설치하였어.

연통제는 대한민국 임시 정부의 비밀 행정 조직으로 군자금 확보, 정부 문서와 명령 전달, 정보 보고 등의 업무를 맡았어. 교통국은 대한민국 임시 정부의 통신 기관으로서 정보의 수집과 분석, 연락 업무 등을 담당하였지.

초기에 대한민국 임시 정부는 국제 사회로부터 임시 정부를 승인받고, 독립에 대한 지원을 이끌어 내기 위하여 외교 활동에도 힘을 쏟았어.

또한, 『독립신문』을 발행하여 나라 안팎의 동포에게 독립운동 소식을 알리기도 하였단다.

『독립신문』 ▶

한인 애국단 조직

1920년대에 들어서면서 대한민국 임시 정부의 활동은 일제의 탄압으로 큰 어려움을 겪었어. 이에 김구는 대한민국 임시 정부에 활기를 불어넣고자 1931년에 한인 애국단을 조직하였어.

한인 애국단원인 **이봉창**과 **윤봉길**은 일제의 주요 인물을 처단하는 의거 활동을 벌였어. 이들의 의거는 당시 중국인에게 큰 감명을 주었고 중국이 대한민국 임시 정부를 지원하는 계기가 되었단다.

의거(義 옳을 **의**, 擧 움직일 **거**)
정의를 위하여 개인이나 집단이 의로운 일을 도모하는 것을 말한다.

이봉창 의거

이봉창은 일본 도쿄에서 일본 왕이 탄 마차를 향해 폭탄을 던졌어. 비록 이봉창의 의거로 일본 왕을 처단하지는 못하였지만, 일제에 큰 충격을 주었단다.

윤봉길 의거

윤봉길은 중국 상하이 훙커우 공원에서 열린 일본 왕의 생일과 상하이 점령을 축하하는 기념식장에 폭탄을 던져 일본군 장군과 고위 관리를 처단하였단다.

| 대한민국 임시 정부의 수립과 활동 |

정리해 보자!

❶ 3·1 운동을 계기로 중국 상하이에 여러 임시 정부를 통합한 [ ][ ][ ][ ] 임시 정부가 수립되었어.

❷ 대한민국 임시 정부의 비밀 행정 조직인 [ ][ ][ ] 는 군자금 확보, 정부 문서와 명령 전달, 정보 보고 등의 업무를 맡았어.

❸ 김구는 대한민국 임시 정부에 활기를 불어넣고자 1931년에 [ ][ ][ ][ ]을 조직하였어.

1 대한민국 임시 정부의 활동에 관한 설명으로 맞으면 ○표, 틀리면 ×표 하시오.

(1) 『독립신문』을 발행하여 나라 안팎의 동포에게 독립운동 소식을 알렸다.　　　　(　　)

(2) 일제에 진 나랏빚을 국민의 힘으로 갚기 위하여 국채 보상 운동을 지원하였다.　(　　)

(3) 비밀 조직인 연통제와 교통국을 설치해 독립운동에 필요한 자금을 모으고, 국내외 독립운동에 대한 정보를 주고받았다.　　　　　　　　　　　　　　　　(　　)

2 다음 독립운동가의 활동으로 옳은 것을 [보기]에서 골라 기호를 쓰시오.　(　　)

▲ 이봉창

보기

㉠ 청산리에서 일본군을 무찔렀다.

㉡ 서울에서 이완용을 습격하여 부상을 입혔다.

㉢ 중국 하얼빈에서 이토 히로부미를 저격하였다.

㉣ 일본 도쿄에서 일본 왕이 탄 마차를 향해 폭탄을 던졌다.

한국사능력검정시험 기출

3 (가)에 들어갈 단체로 옳은 것은?　(　　)

독립 의지를 널리 알린 단체,

(가)

ー 목 차 ー

① 신간회

② 독립 협회

③ 한국 광복군

④ 한인 애국단

 정답 확인

 오늘 나의 실력은?　확인

마무리 학습

도전! 한국사능력검정시험

대한 제국은 일제에 국권을 빼앗기고 일제의 식민지로 전락했어. 우리 민족이 국권
수호와 독립을 위하여 어떤 노력을 하였는지 정리해 보자!

일제의 침략 확대

러일 전쟁	만주와 한반도에서의 주도권을 두고 러시아와 일본이 벌인 전쟁에서 일본이 승리함.
을사늑약 체결	강제로 체결된 을사늑약으로 대한 제국은 일제에 외교권을 빼앗김.
헤이그 특사 파견	헤이그 특사 파견을 구실로 고종이 강제 퇴위당하고, 대한 제국의 군대가 해산됨.
국권 피탈	대한 제국은 일제에 사법권과 경찰권을 빼앗기고, 이후 국권까지 빼앗김.

나라를 지키기 위한 우리 민족의 노력

항일 의병 운동	을미사변과 단발령에 반발해 을미의병이 일어남. → 을사늑약의 체결로 을사의병이 일어남. → 고종의 강제 퇴위와 대한 제국 군대의 해산으로 정미의병이 일어남.
애국 계몽 운동	• 안창호, 양기탁 등이 조직한 ★신민회는 오산 학교와 대성 학교 등을 세워 인재를 양성함. • 『황성신문』, 『대한매일신보』 등 신문을 통해 국민을 계몽함. • 일제에 진 나랏빚을 갚아 경제적으로 자립하자는 국채 보상 운동을 벌임.
항일 의거 활동	★안중근의 이토 히로부미 저격, 이재명의 이완용 공격 등 의거 활동을 벌임.

일제의 무단 통치와 국내외 민족 운동

일제의 무단 통치	• 식민 통치의 최고 기구인 조선 총독부를 설치함. • 헌병 경찰제를 바탕으로 무단 통치를 실시하고, 토지 조사 사업을 실시함.
국내외 민족 운동	• 국내: 항일 비밀 결사였던 대한 광복회는 군자금 모집, 친일파 처단 등의 활동을 함. • 국외: 이회영 등은 만주에 ★신흥 강습소(신흥 무관 학교로 발전함.)를 설립해 독립군을 양성함.

3·1 운동과 대한민국 임시 정부

3·1 운동	우리 민족은 독립을 위하여 ★3·1 운동을 펼쳤고, 우리 역사상 최대 규모의 민족 운동으로 발전함.
대한민국 임시 정부	• 3·1 운동을 계기로 대한민국 임시 정부가 수립됨. ➡ 비밀 조직인 연통제와 교통국을 만들어 독립운동 자금을 모집하고, 외교 활동도 하는 등 독립운동을 펼침. • 김구는 한인 애국단을 조직해 일제에 저항함. ➡ 이봉창, 윤봉길 등이 의거 활동을 벌임.

1 밑줄 그은 '특사단'이 파견된 배경으로 옳은 것은? ( )

① 신간회가 결성되었다.
② 을사늑약이 체결되었다.
③ 조선 총독부가 설치되었다.
④ 대한민국 임시 정부가 수립되었다.

2 (가)에 들어갈 내용으로 옳은 것은? ( )

① 방곡령 실시
② 홍경래의 난 발생
③ 화폐 정리 사업 실시
④ 고종 황제의 강제 퇴위

3 (가)에 들어갈 단체로 옳은 것은? ( )

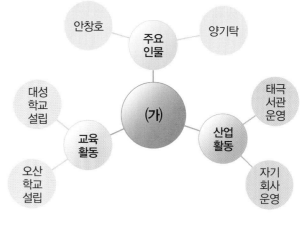

① 보안회
② 신간회
③ 신민회
④ 독립 협회

4 다음 가상 대화가 이루어진 시기에 볼 수 있었던 모습으로 가장 적절한 것은? ( )

① 원에 공녀로 끌려가는 여인
② 국채 보상 운동에 참여하는 농민
③ 독립운동가를 감시하는 헌병 경찰
④ 광성보에서 미군에 맞서 싸우는 군인

5 (가) 인물의 활동으로 옳은 것은?   (   )

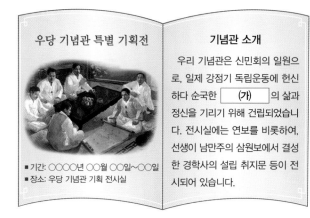

우당 기념관 특별 기획전

기념관 소개

우리 기념관은 신민회의 일원으로, 일제 강점기 독립운동에 헌신하다 순국한 (가) 의 삶과 정신을 기리기 위해 건립되었습니다. 전시실에는 연보를 비롯하여, 선생이 남만주의 삼원보에서 결성한 경학사의 설립 취지문 등이 전시되어 있습니다.

■ 기간: ○○○○년 ○○월 ○○일~○○일
■ 장소: 우당 기념관 기획 전시실

① 조선 의용대를 창설하였다.
② 신흥 강습소를 설립하였다.
③ 한인 애국단을 조직하였다.
④ 파리 강화 회의에 파견되었다.

6 밑줄 그은 '이 운동'에 관한 설명으로 옳은 것은?
(   )

1919년에 일어난 이 운동은 일제 강점기 최대 규모의 독립운동으로, 전국적으로 많은 사람이 참여해 대한 독립 만세를 외쳤어.

중국과 인도의 민족 운동에 큰 영향을 주기도 하였어.

① 『대한매일신보』의 후원으로 확산되었다.
② 순종의 장례일을 기회로 삼아 일어났다.
③ 진주에서 시작하여 전국으로 확산되었다.
④ 대한민국 임시 정부가 수립되는 계기가 되었다.

7 (가)에 들어갈 내용으로 옳은 것은? (   )

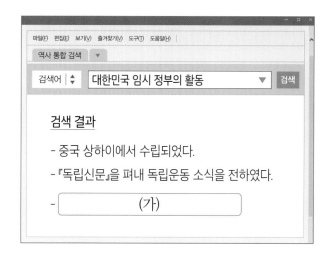

파일(F) 편집(E) 보기(V) 즐겨찾기(V) 도구(T) 도움말(H)

역사 통합 검색

검색어   대한민국 임시 정부의 활동   검색

검색 결과

- 중국 상하이에서 수립되었다.
- 『독립신문』을 펴내 독립운동 소식을 전하였다.
- (가)

① 만민 공동회를 개최하였다.
② 105인 사건으로 해체되었다.
③ 연통제와 교통국을 운영하였다.
④ 한글 맞춤법 통일안을 발표하였다.

8 (가)에 들어갈 인물로 옳은 것은?   (   )

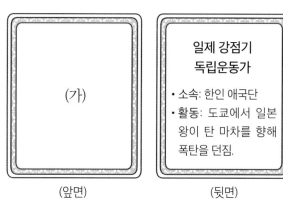

(가)

일제 강점기 독립운동가

• 소속: 한인 애국단
• 활동: 도쿄에서 일본 왕이 탄 마차를 향해 폭탄을 던짐.

(앞면)   (뒷면)

①
안창호

②
안중근

③
윤봉길

④
이봉창

다음 글자판에는 한국사능력검정시험에 자주 출제되는 핵심 낱말이 숨어 있다.
공부한 내용을 떠올리며 숨은 낱말을 찾아 ○표 해 보자.

글	오	주	병	자	호	란	신	래
소	선	대	한	민	국	우	자	미
김	가	제	국	식	용	유	해	승
안	창	호	프	자	크	상	관	열
중	력	근	독	도	지	임	시	순
근	심	랑	성	바	이	봉	창	희
시	이	윤	박	임	부	순	극	네
창	태	봉	정	철	헌	병	경	찰
랑	호	길	택	시	정	대	기	찰

숨은 낱말

1 일본은 러일 전쟁 중에 ○○를 자신들의 영토에 강제로 편입시켰다.

2 우리나라의 침략에 앞장선 이토 히로부미를 저격한 인물이다.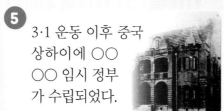

3 일제는 ○○ ○○ 제를 바탕으로 무단 통치를 실시하였다.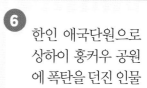

4 이화 학당에 다니던 ○○○은 아우내 장터에서 만세 시위를 주도하였다.

5 3·1 운동 이후 중국 상하이에 ○○ ○○ 임시 정부가 수립되었다.

6 한인 애국단원으로 상하이 훙커우 공원에 폭탄을 던진 인물이다.

6주 / 3일

2. 근·현대 사회의 전개

3·1 운동 이후 일제의 식민 지배 정책은 어떻게 변화하였을까?

 다음은 1920년에 일제가 발표한 조선 민족 운동에 대한 대책이다. 초성 힌트를 보고, 3·1 운동 이후 일제가 표방한 식민 지배 방식을 일컫는 말을 ☐☐ ☐☐ 안에 써 보자.

조선 민족 운동에 대한 대책

• 친일 인사가 각 종교 단체 지도자가 되도록 후원한다.
• 수재 교육을 명목으로 친일 지식인을 많이 양성한다.
• 조선인 부호들과 민중을 대립하게 하고, 부호들에게 일본 자본을 공급해 친일화한다.
• 각종 친일 단체를 조직하고 후원한다.

 - 조선 총독부, 『사이토 마코토 문서』 -

| ㅁ | ㅎ | ㅌ | ㅊ |

정답: ☐ ☐ ☐ ☐

큰별쌤의 영상

3·1 운동 이후 일제는 '조선의 문화와 관습을 존중한다.'라고 선전하며 이른바 '문화 통치'를 실시하였어. 하지만 실제로는 일제의 식민 통치에 협력하는 친일파를 양성하여 우리 민족을 분열시키고 독립운동을 약화시키고자 하는 속셈이었지.

1920년대 일제는 이러한 민족 분열 정책을 실시하는 한편, 산미 증식 계획을 추진하여 한국에 대한 수탈을 더욱 강화하였어.

그럼 1920년대 일제의 식민 지배 정책을 통해 3·1 운동 이후 일제가 우리 민족을 어떻게 억압하고 수탈하였는지 우리 함께 자세히 알아볼까?

기만적인 '문화 통치'를 실시하다

일제는 3·1 운동이라는 우리 민족의 저항을 겪으며 무력을 앞세운 강압적 통치 방식으로는 더 이상 한국인의 독립운동을 억누를 수 없다고 판단했어. 그래서 '문화 통치'를 실시하여 한국인의 반발을 무마하고자 하였지.

일제는 우선 기존에 무관만 임명하던 조선 총독에 문관도 임명 가능하도록 하였으며, 헌병 경찰제를 없애고 **보통 경찰제**를 실시하였지. 한국인에게만 적용하던 조선 태형령도 없애고 교사들의 제복 착용도 폐지하였어. 언론, 출판, 집회, 결사의 자유도 일부 허용되면서 『조선일보』와 『동아일보』 같은 신문이 발간되었고, 한국인은 다양한 사회 운동을 하는 단체들을 설립할 수 있게 되었어.

일제는 '문화 통치'를 통해 가혹한 식민 통치를 숨기려고 하였어.

하지만 '문화 통치'는 자신들의 가혹한 식민 통치를 숨기기 위한 눈속임에 불과했어. 문관 총독은 일제 강점기 내내 단 한 번도 파견되지 않았고, 보통 경찰제를 실시했지만 오히려 경찰의 수를 3배 가까이 늘리고 경찰력을 강화했지. 또 한국인의 신문 발행을 허용했지만 사전에 검열을 통해 일제를 비판하는 기사는 삭제당하거나 심지어 신문 발행을 금지당했지.

일제는 한국인도 조선 총독부의 관리로 일할 수 있게 하고 정치에도 참여할 수 있다고 선전했지만, 이는 **친일파를 양성**하기 위한 수단에 불과했지. 일제의 '문화 통치'는 일본의 식민 지배를 인정하는 친일파를 양성하고 우리 민족을 분열시켜 한국인끼리 편 가르고 싸우게 하려는 민족 분열 정책일 뿐이었어.

일제는 3·1 운동으로 우리 민족이 힘을 모으면 식민 통치에 큰 위협이 될 수 있다는 것을 알았기 때문에 한국인을 분열시키려고 하였단다.

'문화 통치'의 실상

조선 총독에 문관도 임명하기로 하였지만 일제 강점기 내내 단 한 번도 문관이 임명되지 않았다.

보통 경찰제를 실시했지만 경찰의 수는 오히려 늘어났고, 경찰력도 강화되었다.

한국인의 신문 발행을 허용했지만 사전 검열과 기사 삭제가 심해졌다.

한국에 대한 수탈을 강화하다

일본 내에서 쌀 부족 현상이 일어나자 일제는 한국에서 쌀을 가져가 식량 부족 문제를 해결하고자 했어. 이를 위해서 1920년부터 시행한 사업이 산미 증식 계획이란다. 말 그대로 쌀 생산량을 늘리는 계획이라는 뜻이야.

일제는 쌀 종자를 개량하고 저수지를 만드는 한편, 개간을 통해 농지를 확대하여 쌀 생산량을 늘렸어. 하지만 일제는 늘어난 쌀보다 더 많은 양의 쌀을 일본으로 가져갔지. 그 결과 국내에서는 쌀이 부족해져 쌀값이 치솟았어. 게다가 농민들은 종자 개량비나 비료 대금 등을 떠맡아 생활이 더욱 어려워졌지.

결국 많은 농민이 농사를 포기하고 먹고살기 위해 도시로 몰려들었어. 이들은 일용직 노동자가 되거나 구걸로 생계를 이어 가는 도시 빈민이 되었지. 일부는 나라를 떠나 **만주나 연해주로 이주**하기도 하였단다.

일제가 산미 증식 계획을 실시한 까닭은 무엇인가요?

제1차 세계 대전 이후 일본은 공업화가 진행되면서 도시 인구가 크게 늘어나 쌀 수요가 급증하고 쌀값이 많이 올랐어. 이에 한국에서 쌀 생산을 늘려 자국의 식량 부족 문제를 해결하려고 하였던 거야.

사진은 군산항을 통해 우리 쌀을 일본으로 반출하는 모습이야. 일본이 쌀을 가져가면서 국내에 쌀이 부족하게 되어 한국인의 삶이 힘들어졌어.

일본의 자본이 들어오다

일제는 1910년대 회사령을 실시하여 회사를 설립할 때 **총독의 허가**를 받게 하였어. 민족 자본의 성장을 억압하기 위해서였지. 하지만 1920년대에 들어와 일본 내 산업이 활성화되면서 일제는 축적된 자본을 투자할 곳이 필요했어. 그래서 회사 설립을 허가제에서 **신고제**로 바꾸었단다.

한국 내에서 회사 설립이 자유로워지자 많은 일본 기업이 한국에 회사를 세우게 되었어. 또한 일본의 대기업들이 한국에 공장을 세워 우리의 자원과 인력을 수탈하기 시작하였단다.

신고제
법률 행위, 영업이나 산업 행위를 할 때 관청 등에 신고만 함으로써 즉시 행할 수 있는 제도이다.

정리해 보자!

| 일제의 문화 통치 |

❶ 3·1 운동 이후 일제는 식민 지배 방식을 이른바 [ ][ ][ ]로 전환했어.

❷ 문화 통치의 실상은 한국인끼리 편 가르고 싸우게 하려는 민족 [ ][ ] 정책이었어.

❸ 1920년대 일제는 일본 내 쌀 부족 문제 해결을 위해 [ ][ ][ ][ ] 계획을 실시했어.

---

1 일제가 실시한 '문화 통치'에 관해 <u>잘못</u> 말한 사람을 골라 기호를 쓰시오.　　　（　　　）

ㄱ
일제는 3·1 운동을 계기로 식민 통치 방식을 이른바 '문화 통치'로 전환했어.

ㄴ
무관 총독 대신 문관 총독을 임명하겠다고 했지만 이루어지지 않았어.

ㄷ
교사들에게 제복을 착용하도록 하였어.

---

2 다음은 일제가 실시한 산미 증식 계획에 관한 내용이다. 산미 증식 계획의 결과 농민의 삶이 어려워진 까닭은 무엇인지 밑줄 그은 부분을 채우시오.

> 일본 내 쌀 부족 문제를 해결하기 위해 일제는 한국에서 산미 증식 계획을 실시하였다. 일제는 쌀 종자를 개량하고 저수지를 만드는 한편, 개간을 통해 농지를 확대하여 쌀 생산량을 늘렸다. 하지만 _____ 때문에 국내에서는 쌀 부족으로 쌀값이 크게 올랐고, 농민들은 종자 개량비나 비료 대금 등을 떠맡아야 했다.

한국사능력검정시험 기출

3 밑줄 그은 '이 정책'으로 옳은 것은?　　　（　　　）

군산은 일제 강점기 쌀을 수탈해 실어 가던 주요 항구였어요. 1920년부터 시행한 이 정책으로 쌀 생산량은 늘어났지만 이보다 더 많은 쌀이 일본으로 유출되었지요.

군산항에 왜 이렇게 많은 쌀이 쌓여 있나요?

① 대동법
② 방곡령
③ 산미 증식 계획
④ 토지 조사 사업

정답 확인　오늘 나의 실력은?　확인

6주 4일 1920년대 국내의 민족 운동은 어떻게 전개되었을까?

 다음은 1920년대에 추진된 민족 운동의 포스터이다. 각 민족 운동 포스터의 구호를 참고하여 빈칸에 알맞은 구호를 써 보자.

1920년대 일제가 '문화 통치'를 표방하면서 사회단체의 설립이 제한적으로 허용되었어. 이에 우리 민족은 사회단체를 설립하여 다양한 민족 운동을 전개하였지.

민족의 실력을 키워 독립을 이루자는 실력 양성 운동, 학생들이 중심이 된 항일 운동인 학생 운동, 그리고 한국인에 대한 민족 차별과 사회적 차별 등을 없애기 위한 다양한 사회 운동들이 전개되었어.

그럼 1920년대 국내에서 전개된 다양한 민족 운동에 대해 우리 함께 자세히 알아볼까?

큰별쌤의 영상

실력 양성 운동이 전개되다

3·1 운동 이후 민족의 실력을 키워 독립을 이루자는 **실력 양성 운동**이 전개되었어.

1920년에 회사령이 철폐되고 일본 기업의 한국 진출이 활발해지자, 국산품을 애용해 한국인 기업을 발전시키고 일제의 경제 침략에 맞서 우리의 경제권을 지키자는 **물산 장려 운동**이 일어났어.

또 우리 손으로 대학을 설립하자는 **민립 대학 설립 운동**도 일어났어. 일제가 한국인들에게는 기초 교육만을 시켰기 때문이었지. 민족 지도자들은 대학 설립을 위한 조직을 만들고 국내외 국민을 대상으로 모금 활동을 벌였어. 하지만 일본의 방해와 모금액 부족으로 민립 대학 설립 운동은 성공하지 못했지.

조선 사람, 조선 것!

우리가 만든 것 우리가 쓰자.

학생들이 거리로 나서다

1920년대에는 학생 운동도 활발히 전개되었어. 특히 1926년에는 순종의 장례식을 계기로 학생들이 민족주의 계열과 사회주의 계열의 민족 지도자들과 함께 대규모 만세 운동을 준비하였어. 이를 **6·10 만세 운동**이라고 해. 6·10 만세 운동을 계기로 비타협적 민족주의 계열과 사회주의 계열이 연합하여 신간회를 결성하였지. 한편 1929년 광주로 통학하는 열차 안에서 한국 학생과 일본 학생 사이에 다툼이 일어났어. 하지만 경찰이 한국 학생만 검거하는 편파적인 조치를 취하자, 이에 반발하여 **광주 학생 항일 운동**이 일어났어.

차별적 식민지 교육을 철폐하라!

광주의 학생들은 민족 차별과 일제의 차별적 교육 정책에 반대하며 시위를 전개하였어. 광주 학생 항일 운동은 전국으로 확대되며 3·1 운동 이후 최대 규모의 민족 운동으로 발전하였단다. 당시 신간회는 진상 조사단을 파견해 광주 학생 항일 운동을 지원했어.

11월 3일은 왜 학생 독립운동 기념일이 되었나요?

예전에는 '학생의 날'이라고 불렸던 학생 독립운동 기념일은 광주 학생 항일 운동을 기념하여 제정된 기념일이란다.

다양한 사회 운동이 전개되다

일제의 수탈이 강화되면서 힘든 생활을 하던 농민들은 일제의 농촌 정책과 지주의 횡포에 맞서 농민 운동을 전개하였어. 또한, 노동자들도 노동 조건 개선과 임금 인상을 요구하며 노동 운동을 전개하였지.

1920년대 이후 여성들의 사회 진출이 확대되고 여성 노동자도 증가하였지만 여성들은 여전히 남성에 비해 차별을 받았어. 이에 여성들은 여성의 지위를 향상시키기 위한 여성 운동을 전개하였지.

여성에 대한 차별을 철폐하라!

또한, 어린이를 온전한 인격체로 대하자는 소년 운동도 일어났단다. 일제 강점기에는 어린이들의 지위가 매우 열악했어. 어린이의 교육 기회도 적었고 어린 아이들도 공장 등에서 일을 하는 경우가 있었지. 이에 천도교를 중심으로 소년 운동이 일어났어. **방정환**은 어린이라는 용어를 처음 사용하였고 어린이날도 만들었단다.

1. 어린이를 내려다보지 마시고 반드시 쳐다보아 주시오.
2. 어린이를 늘 가까이하여 자주 이야기하여 주시오.
3. 어린이에게 경어를 쓰시되 늘 부드럽게 하여 주시오.
4. 이발이나 목욕 또는 옷 갈아입는 것 같은 것은 때 맞춰 하도록 하여 주시오.

- 조선 소년 운동 협회 -

갑오개혁으로 신분제가 법적으로 폐지되었지만 여전히 백정에 대한 사회적 차별은 사라지지 않았지. 이에 백정들은 평등한 대우를 요구하며 백정들에 대한 차별 반대 운동인 형평 운동을 펼치기도 했어.

'형평'이란 저울이 균형을 이루어 평등한 상태라는 뜻이야.

▲ 형평 운동 포스터

| 1920년대 국내의 다양한 민족 운동 |

❶ 우리 손으로 대학을 설립하자는 ☐☐☐☐ 설립 운동이 일어났어.

❷ 한국 학생과 일본 학생의 충돌 사건을 계기로 ☐☐☐☐ 항일 운동이 일어났어.

❸ 천도교의 ☐☐☐ 은 어린이라는 용어를 사용하고 어린이날을 만들었어.

---

1 다음 내용과 관련된 민족 운동은 무엇인지 쓰시오. ( )

계기	주도 세력	장소	방법
순종의 장례식	학생	종로 인근	만세 시위

2 다음 포스터와 관련된 민족 운동을 바르게 선으로 연결하시오.

(1)

(2)

(3)

ㄱ 소년 운동

ㄴ 형평 운동

ㄷ 물산 장려 운동

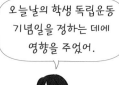 한국사능력검정시험 기출

3 밑줄 그은 '이 운동'으로 옳은 것은? ( )

이 운동은 1929년에 시작되었어. 학생들은 민족 차별 철폐와 식민지 교육 반대를 내세우며 시위를 벌였지.

오늘날의 학생 독립운동 기념일을 정하는 데에 영향을 주었어.

① 3·1 운동
② 새마을 운동
③ 물산 장려 운동
④ 광주 학생 항일 운동

정답 확인   오늘 나의 실력은? 확인

2. 근·현대 사회의 전개

국외의 무장 독립 투쟁은 어떻게 전개되었을까?

 다음은 항일 무장 투쟁을 전개하며 독립군으로 활약한 인물들이다. 사다리를 타고 내려가 각 설명에 해당하는 인물의 이름을 알아보자.

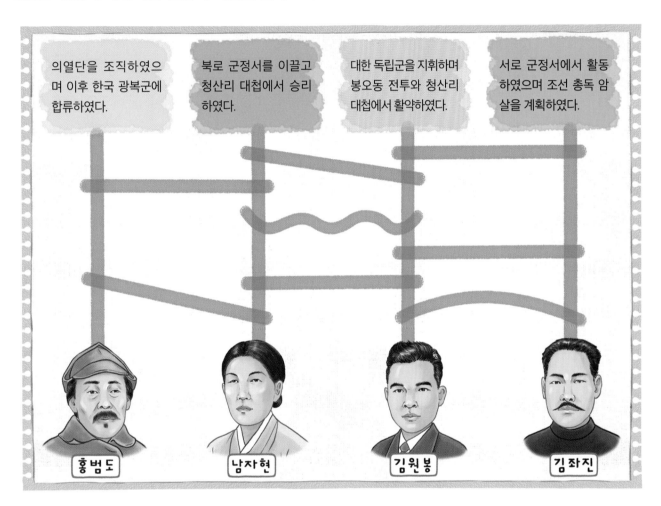

의열단을 조직하였으며 이후 한국 광복군에 합류하였다.

북로 군정서를 이끌고 청산리 대첩에서 승리하였다.

대한 독립군을 지휘하며 봉오동 전투와 청산리 대첩에서 활약하였다.

서로 군정서에서 활동하였으며 조선 총독 암살을 계획하였다.

홍범도   남자현   김원봉   김좌진

큰별쌤의 영상

1910년대 만주와 연해주 일대에서 독립운동 기지가 건설되고 독립군을 양성하려는 노력이 있었지? 1920년대부터 이러한 노력의 결실이 나타났단다.

독립군 연합 부대가 봉오동과 청산리에서 빛나는 활약을 펼쳤고, 일부 독립군은 중국군과 연합 작전을 펼치는 등 항일 무장 투쟁을 이어 나갔지. 이후 대한민국 임시 정부의 정규군으로 한국 광복군이 창설되어 광복에 대비하였어. 한편 독립군뿐만 아니라 의열단과 같은 의열 투쟁 단체도 결성되어 의거 활동을 전개하며 일제에 저항하였단다.

그럼 3·1 운동 이후 본격적으로 전개된 항일 무장 투쟁에 대해 우리 함께 자세히 알아보자!

봉오동 전투와 청산리 대첩

▲ 봉오동 전투와 청산리 대첩의 격전지

3·1 운동 이후 만주와 연해주에서는 본격적으로 독립군 부대가 결성되어 독립 전쟁을 준비하였지. 세력을 키운 독립군 부대는 두만강과 압록강을 건너와 일본군과 일본 경찰서를 공격하기도 했어. 이러한 독립군의 저항에 일본군이 독립군을 공격하면서 벌어진 전투가 봉오동 전투야.

봉오동 전투를 이끌었던 사람은 홍범도 장군이야. 평안도 일대에서 의병 활동을 하던 홍범도는 나라를 빼앗긴 이후 간도로 건너가 대한 독립군을 만들었어. 1920년 6월, 홍범도가 이끄는 대한 독립군은 여러 독립군 부대와 연합하여 봉오동으로 일본군을 유인해 큰 승리를 거두었지.

▲ 홍범도

봉오동 전투에서 패한 일본군은 독립군에 대한 보복에 나섰지. 1920년 10월, 일본군은 엄청난 수의 군대를 이끌고 만주로 넘어왔어. 김좌진의 북로 군정서와 홍범도가 이끄는 독립군 연합 부대는 청산리 일대에 모여 일본군과의 전투에 대비했지. 독립군은 청산리 일대의 골짜기로 일본군을 유인하여 전투를 벌였고, 10여 차례의 전투에서 큰 승리를 거두었어. 이것이 우리 독립 전쟁 역사상 가장 큰 승리를 거둔 청산리 대첩이야.

청산리 대첩의 승리는 지휘관의 뛰어난 작전, 죽음을 두려워하지 않고 싸운 독립군의 용기, 그리고 일본군의 움직임을 알려 주고 독립군에게 식량 등을 지원한 만주 동포들의 역할이 있었기 때문에 가능한 것이었어.

▲ 김좌진

독립은 정신으로 이루어진다

▲ 남자현

서로 군정서 등에서 여성 독립군으로 활약한 남자현은 조선 총독 암살을 계획하기도 하였으며, 여성 계몽 활동에도 힘썼지. 하지만 일본 대사 암살 계획을 꾸미다가 발각되어 일본 경찰에 체포되었어. 이후 모진 고문을 받다가 석방되었으나 "독립은 정신으로 이루어진다."라는 말을 남기고 순국하였지.

의열 투쟁이 활발히 전개되다

3·1 운동 이후 독립군의 활동 외에도 소규모의 비밀 조직을 결성하여 일본의 주요 인물을 암살하거나 일제 식민 기관 등을 파괴하는 활동을 전개하는 의열 투쟁도 활발하게 전개되었어.

목숨을 건 의열 투쟁으로 일제에 맞서겠어.

대표적인 의열 투쟁 단체는 1919년 만주에서 김원봉이 조직한 의열단이야. 의열단원들은 조선 총독부, 종로 경찰서, 동양 척식 주식회사 등에 폭탄을 투척하는 의거 활동을 펼쳤지. 의열단원이 국내에 들어온다는 정보만으로도 일본 군경이 모두 긴장할 정도였다고 하니, 의열단의 활동이 일제에 얼마나 위협적이었는지 짐작할 수 있지?

의열 투쟁
의열은 정의로운 일을 열렬히 실행한다는 뜻으로, 의열 투쟁은 일제의 주요 기관 폭파, 일본인 관료와 친일파 처단을 목표로 삼았다.

한국 광복군, 국내 진공 작전을 계획하다

일제가 만주를 침략하고 독립 전쟁의 어려움이 커지는 상황에서도 독립군은 항일 무장 투쟁을 이어 나갔지. 일제의 중국 침략이 본격화되자 충칭으로 이동한 대한민국 임시 정부는 임시 정부의 정규군으로 한국 광복군을 창설하였어. 임시 정부의 주석이었던 김구는 한국 광복군이 연합군에 참여함으로써 우리 힘으로 일본을 쫓아내고 독립을 이루기를 바랐지. 중국에서 독립군 부대인 조선 의용대를 이끌던 김원봉도 한국 광복군에 합류하였어.

일본이 태평양 전쟁을 일으키자 대한민국 임시 정부는 일본에 선전 포고를 하고 한국 광복군을 연합군의 일원으로 참전시켰어. 또한, 미군의 특수 훈련을 받은 대원들을 국내에 침투시키는 국내 진공 작전을 계획하기도 했단다. 하지만 일제의 갑작스러운 항복으로 국내 진공 작전 계획은 실행하지 못했지.

하루 빨리 조국이 독립을 이루기 위해서는 국내로 진격하여 일본군을 몰아내야 해.

| 국외 무장 독립 투쟁 |

❶ ☐☐☐ 의 대한 독립군 등 독립군 연합 부대가 봉오동 전투에서 일본군에 승리했어.

❷ 김원봉이 조직한 ☐☐☐ 은 일본의 주요 인물 암살과 일제 식민 기관 파괴 등을 했어.

❸ ☐☐☐☐ 은 충칭에서 대한민국 임시 정부의 정규군으로 창설되었어.

---

1 지도에 표시된 전투에서 활약한 인물과 독립군 부대를 글자판에서 모두 찾으시오.

의	열	대	한	민	국
홍	평	한	김	좌	진
범	한	독	립	현	도
도	승	립	우	도	장
북	로	군	정	서	문
일	만	정	도	화	민

2 한국 광복군에 관한 설명이 맞으면 ○표, 틀리면 ×표 하시오.

(1) 대한민국 임시 정부의 군대로 충칭에서 창설되었다. (   )

(2) 일본이 태평양 전쟁을 일으키자 연합군의 일원으로 참전하였다. (   )

(3) 국내 진공 작전에 성공하여 우리 힘으로 독립을 이루었다. (   )

한국사능력검정시험 기출

3 (가)에 들어갈 내용으로 옳은 것은? (   )

이달의 **독립운동가**

(가)

홍범도
(1868~1943)

① 봉오동 전투에서 일본군을 무찌르다

② 영화 아리랑으로 민족 의식을 높이다

③ 하얼빈에서 이토 히로부미를 처단하다

④ 헤이그에서 일제 침략의 부당성을 밝히다

정답 확인

오늘 나의 실력은?   확인

1930년대 이후 일제는 어떤 방법으로 우리 민족을 통치하였을까?

다음은 일제가 침략 전쟁을 확대한 1930년대 이후 한국인이 일제로부터 강요받은 것을 보여 주는 사진전이다. 초성 힌트를 보고, 사진전의 제목으로 알맞은 말을 □□ □□ 안에 써 보자.

일제, □ ㅈ □ ㅅ 정책을 펴다

황국 신민 서사 암송 | 궁성 요배 | 신사 참배

정답: □ □ □ □

큰별쌤의 영상

일제는 1930년대 이후 만주 사변, 중일 전쟁, 태평양 전쟁 등을 일으키며 침략 전쟁을 확대해 나갔어.

이러한 침략 전쟁에 한국인을 동원하기 위해 일제는 민족 말살 정책을 펼쳤어. 한국인에게 일본식 성명을 사용할 것과 황국 신민 서사의 암송, 신사 참배 등을 강요하였지. 뿐만 아니라 일제는 우리의 인적·물적 자원을 수탈해 갔단다.

그럼 1930년대 이후 일제가 한국인을 어떻게 억압하고 수탈하였는지 자세히 알아보자.

일제, 침략 전쟁을 확대하다

1920년대 후반 발생한 세계적 경제 위기인 대공황의 영향을 받아 일본의 경제가 어려워졌어. 일제는 불안한 국내 정세 속에 국민의 관심을 밖으로 돌리고자 1931년 **만주 사변**을 일으켰지. 1937년에는 중국 본토를 침략해 **중일 전쟁**을 시작했고, 이후 제2차 세계 대전을 일으킨 독일, 이탈리아와 동맹을 맺고 침략 전쟁을 확대했어. 제2차 세계 대전 중에 미국은 일본의 전쟁 확대를 비난하며 경제 제재 조치를 취하였어. 이에 일본군은 미국 하와이의 진주만을 기습 공격해 **태평양 전쟁**을 일으켰지. 이렇게 침략 전쟁을 확대하면서 일제는 우리 땅에서 군인과 전쟁 물자 등 전쟁에 필요한 모든 것을 동원하려 했어.

민족 말살 정책으로 고통받다

일본식 이름으로 바꾸지 않으면 학교도 다니지 못하고, 밥도 없어!

일제는 민족 말살 정책을 펼쳐 한국인을 침략 전쟁에 쉽게 동원하고자 하였어. 우리 민족의 정신을 말살하기 위하여 **한국어 교육과 우리말 사용을 금지**시키고 한국인의 성과 이름을 일본식으로 바꾸도록 했지. 일본식으로 이름을 바꾸지 않으면 학교에 입학할 수 없었고, 식량 배급도 받지 못했단다.

한편 일제는 한국과 일본은 하나라고 주장하며 한국인에게 일본 왕에게 충성할 것을 강요하는 **황국 신민화 정책**을 펼쳤어. 이에 어린이들까지 일왕의 신하와 백성임을 맹세하는 '황국 신민 서사'를 외우도록 하여 일본에 충성해야 한다는 생각을 갖게 만들었지. 그리고 지금의 초등학교에 해당하는 소학교를 황국 신민 학교라는 뜻의 국민학교로 이름을 바꾸었단다.

또한, 각 지역에 일본 왕실의 조상신이나 일본을 위해 공을 세운 사람들의 위패를 모아 둔 **신사**를 지어 놓고 **참배**할 것을 강요하였어. 매일 아침마다 일본 왕이 사는 궁성 쪽으로 허리를 굽혀 절하는 **궁성 요배**를 강요하기도 했단다.

▲ 황국 신민 서사를 외우는 학생들

인적·물적 자원을 수탈하다

일제는 전쟁에 필요한 사람과 물자를 한국에서 동원할 수 있도록 **국가 총동원법**을 만들었어. 무기뿐만 아니라 옷, 식량, 의약품, 선박, 연료, 전력 등을 전쟁 물자로 지정해 빼앗아 갔지. 또한, **공출** 제도를 실시하여 쌀을 가져갔고 식량 배급제를 실시하였어. 심지어 무기를 만들기 위해 집 안에 있는 놋그릇이나 수저까지도 털어 갔단다.

일제는 한국인을 군인으로 동원하였고, 이에 많은 한국인이 전쟁터에서 희생되었단다. 또한, 아이와 어른 할 것 없이 광산이나 공장으로 끌고 가 강제로 일을 시켰지. 전쟁에 필요한 물자를 생산하기 위해 한국 여성들을 공장에서 일하게 하였고, 돈을 벌게 해 주겠다며 여성들을 속이거나 강제로 끌고 가 **일본군 '위안부'**란 이름으로 성노예로 삼았어.

▲ 일제가 빼앗아 간 놋그릇 대신 지급한 사기 그릇

▲ 금속류 공출 기념 사진

▲ 일본군 '위안부' 모습

▲ 김순덕 할머니가 그린 「끌려감」

인류 사회의 평화를 위한 과제는?

현재까지도 일본 정부는 식민지 지배와 수탈에 대한 사과와 배상을 거부하고 있어. 이렇게 인권을 짓밟은 행위에 대한 반성이 없다면 인류 사회에 진정한 평화가 이루어질 수 없어. 일본 정부가 진심 어린 사과와 배상을 할 때까지 우리는 이 문제를 끝까지 잊지 않고 관심을 가져야겠지?

▲ 일본군 '위안부' 피해자를 기리는 평화의 소녀상

┃ 1930년대 이후 일제의 민족 말살 정책 ┃

❶ 일제는 한국인을 전쟁에 쉽게 동원하기 위해 ☐☐☐☐ 정책을 펼쳤어.

❷ 일제는 소학교의 명칭을 황국 신민 학교라는 뜻의 ☐☐☐☐로 변경했어.

❸ 일제는 침략 전쟁을 확대하면서 ☐☐ 제도를 실시하여 쌀과 금속 등을 강제로 가져갔어.

1 1930년대 이후 우리나라에서 볼 수 있었던 모습을 모두 골라 기호를 쓰시오.(　　　　　)

ⓐ 황국 신민 서사를 외우는 학생들

ⓑ 일본식으로 성과 이름을 바꾸기 위해 줄을 선 사람들

ⓒ 칼 찬 제복 차림의 헌병 경찰

2 다음은 일제 강점기 금속 공출로 수거한 그릇들 앞에서 찍은 사진이다. 일제가 이렇게 전국에서 놋 그릇, 수저 등 금속을 모아 가져간 까닭을 쓰시오.

한국사능력검정시험 기출

3 밑줄 그은 '이 시기'에 있었던 사실로 옳은 것은?　　　　　(　　　　　)

사진으로 보는 일제 강점기

이 시기에 일제는 신사 참배를 강요하고, 여성들을 강제로 일본군 '위안부'로 끌고 가는 등의 식민지 정책을 추진하였습니다.

① 별기군을 창설하였다.
② 우정총국을 설치하였다.
③ 창씨개명을 실시하였다.
④ 육영 공원을 설립하였다.

정답 확인

오늘 나의 실력은?　확인

7주 2일

우리 민족은 민족 문화를 지키기 위해 어떤 노력을 하였을까?

다음은 일제 강점기의 저항 시인에 대한 인물 카드이다. 카드 뒷면의 시를 읽고 초성 힌트를 참고하여 □□□ 안에 들어갈 인물의 이름을 써 보자.

카드 앞면

ㅎ ㅇ ㅇ

카드 뒷면

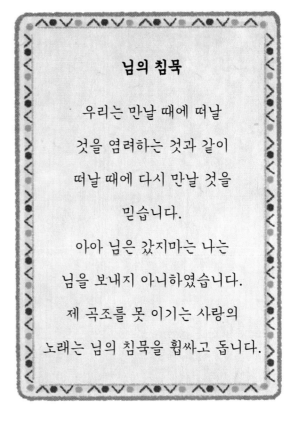

님의 침묵

우리는 만날 때에 떠날
것을 염려하는 것과 같이
떠날 때에 다시 만날 것을
믿습니다.
아아 님은 갔지마는 나는
님을 보내지 아니하였습니다.
제 곡조를 못 이기는 사랑의
노래는 님의 침묵을 휩싸고 돕니다.

큰별쌤의 영상

일제는 우리의 역사를 왜곡하고 우리의 말과 글을 사용하지 못하게 하는 등 우리의 민족 정신을 말살하여 식민 지배 체제를 강화하고자 하였어.

이에 맞서 우리 민족은 우리의 말과 글, 역사와 문화를 지키려는 노력을 전개하였지. 민족 정신을 지키려는 노력은 무장 독립 투쟁과 같이 독립운동의 한 방식이었단다.

한용운 등의 저항 시인들은 나라에 대한 사랑과 독립에 대한 희망, 일제의 식민 통치에 대한 저항 의식 등을 시를 통해 표현하였어.

이처럼 일제의 식민지 문화 정책에 맞서 민족 문화를 지키려는 노력은 어떻게 전개되었는지 우리 함께 자세히 살펴보자.

우리말과 글을 지키자

▲ 한글 연구와 보급을 위한 교재들

우리 민족의 정신을 말살하려는 일제의 정책에 맞서 우리 민족 문화를 지키기 위한 노력이 전개되었어. 일제가 우리말과 글의 사용을 억압하자, 국어학자들은 한글을 연구하고 한글을 보급하기 위해 노력했어. 3·1 운동 이후 만들어진 **조선어 연구회**는 한글날의 출발이 된 **가갸날**을 제정하고 잡지 『한글』을 발행하였지. 이후 조선어 연구회가 이윤재, 최현배 등에 의해 **조선어 학회**로 발전하였어.

조선어 학회는 한글 공부 교재를 만들어 사람들이 한글을 깨우칠 수 있도록 노력하였어. 또한, **우리말** 『큰사전』을 만드는 작업을 시작했지. 하지만 일제는 모진 고문과 협박으로 조선어 학회가 독립운동 단체라는 거짓 자백을 받아 내고 조선어 학회의 학자들을 체포하였어. 학자 중 일부는 일본 경찰의 모진 고문 등으로 목숨을 잃기도 했어. 일제가 조작한 조선어 학회 사건으로 조선어 학회는 강제로 해산되고 우리말 『큰사전』 편찬 사업은 중단되고 말았단다.

말모이 작전과 우리말 『큰사전』

말모이는 언어학자인 주시경과 그의 제자들이 민족정신을 지키기 위해 편찬하려 한 우리나라 최초의 현대적 국어사전이란다. 원고까지 만들어졌지만 출판되지 못하다가 조선어 학회로 전해졌지. 이후 조선어 학회에서는 일제의 삼엄한 감시 속에서 말모이 원고를 바탕으로 잊혀지고 있던 순우리말 단어를 전국 곳곳에서 모으는 말모이 작전을 비밀스럽게 펼쳤어. 이런 노력과 학자들의 연구로 1942년 우리말 『큰사전』의 초고가 완성되었지. 하지만 인쇄 직전 조선어 학회 사건이 일어나면서 조선어 학회는 해산되고 원고마저 일제에 빼앗기고 말았어.

그런데 1945년 광복 직후 사라진 줄 알았던 우리말 『큰사전』 원고가 서울역 창고에서 기적처럼 발견되면서 한글 학회를 통해 우리말 『큰사전』이 편찬될 수 있었단다.

조선어 학회는 우리말, 우리글을 연구하는 단체입니다.

우리말과 글을 지켜 민족정신을 키웁시다.

우리의 역사를 지키자

일제는 한국에 대한 식민 지배를 정당화하기 위해 한국사 연구 기관을 만들어 우리 역사를 왜곡하였어. 일제는 '한국은 스스로 근대화할 수 없는 나라이기에 일본이 도움을 주었다.'라거나 '한반도가 대륙의 끝에 위치해 정치적으로 독립하지 못하고 중국에 끌려 다녔다.'라는 등의 주장을 하였지.

이러한 일제의 주장에 맞서 **신채호, 박은식**과 같은 역사학자들은 우리 민족의 우수성을 알리기 위한 역사책을 편찬했어. 일제에 나라를 빼앗겨 식민 지배를 겪고 있지만 민족정신을 지키고 있으면 독립을 이룰 수 있다는 내용을 담았지. 신채호는 민족 정신을 강조하기 위해 고대사 연구에 힘써 『조선 상고사』, 『조선사 연구초』 등을 남겼지. 또한, 외세에 맞서 싸운 을지문덕, 이순신, 강감찬과 같은 역사 속 인물들의 위인전을 펴내기도 했지. 박은식은 역사를 혼이라 규정하고 일제에 나라를 빼앗겼어도 혼을 간직한다면 언젠가 나라를 찾을 수 있다고 주장했단다.

문학 작품으로 일제에 저항하다

문학 작품을 통해 일제 식민 통치에 대한 저항 의식을 드러내고 독립에 대한 희망을 담은 사람들도 있었어. 3·1 운동 때 민족 대표 33인에 이름을 올린 한용운, 이원록이라는 본명보다 독립운동으로 감옥에 수감되면서 얻었던 수감 번호 264번을 딴 호로 더 유명한 **이육사**, 시대와 자아에 대해 고민한 **윤동주**가 대표적이지. 이들은 시를 통해 일제에 굴복하지 않는 민족정신을 표현했어.

한용운의 「님의 침묵」, 이육사의 「광야」, 윤동주의 「서시」 등이 대표적인 저항시야.

민족정신을 지키기 위한 노력

우리말과 글을 지키고 가치를 알리기 위해 한글 연구와 보급에 힘썼다.

우리 민족의 우수성을 알리기 위해 우리 역사와 위인에 대한 책을 저술하였다.

저항 시인들은 민족정신을 담은 작품을 저술하였다.

| 민족 문화 수호 운동 |

❶ 이윤재, 최현배 등의 학자들은 □□□□□ 를 만들어 우리말과 글을 연구했어.

❷ □□□ 은 역사를 혼이라 규정하고, 우리 민족의 혼을 잃지 말자고 주장했어.

❸ 3·1 운동 때 민족 대표 33인이었던 □□□ 은 저항시 「님의 침묵」을 발표했어.

1 다음 문장에서 틀린 부분을 찾아 고쳐 쓰시오.   (→   )

> 3·1 운동 이후 만들어진 조선어 연구회는 스승의 날을 제정하고 잡지 『한글』을 발행하였다. 조선어 연구회에서 발전한 조선어 학회는 한글 보급을 위해 노력하고 우리말 『큰사전』 편찬을 시도하였다. 하지만 일제가 조작한 조선어 학회 사건으로 조선어 학회가 해체되었다.

2 다음 인물과 관련된 내용을 바르게 선으로 연결하시오.

(1) 한용운

(2) 이육사

(3) 윤동주

㉠ 나는 본명보다 감옥에 수감되어 얻은 수감 번호로 더 유명하다오. 시를 통해 일제에 대한 저항을 표현했소.

㉡ 나는 식민지 상황에서 학업을 이어 가는 것에 대해 떳떳하지 못했소. 그 부끄러움과 반성을 시를 통해 표현했소.

㉢ 나는 민족 대표로 3·1 운동에 참여했소. 시를 통해 독립에 대한 믿음과 희망을 표현했다오.

한국사능력검정시험 기출

3 (가)에 들어갈 인물로 옳은 것은?   (   )

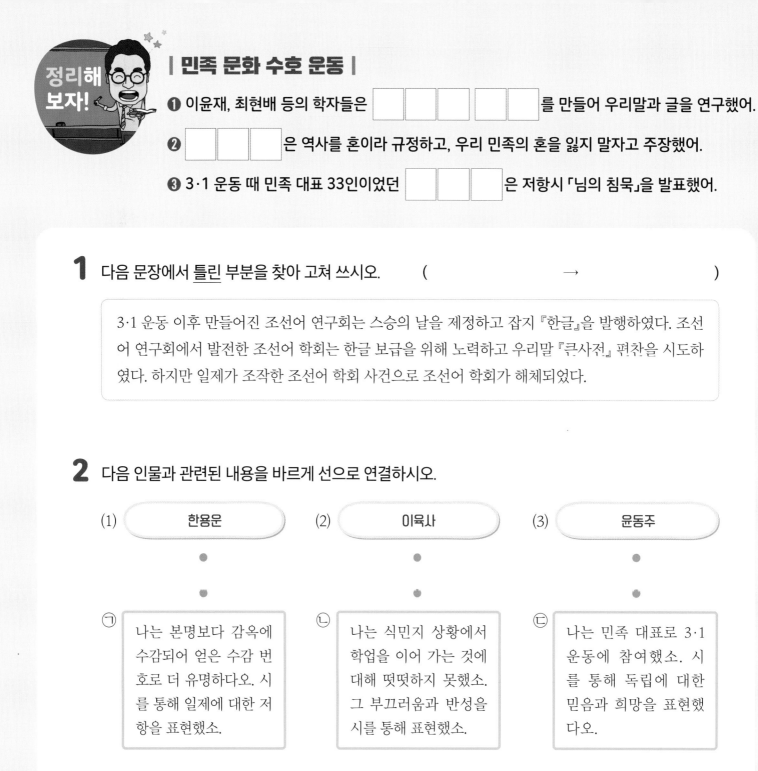

이 책을 저술한 (가) 은/는 독립운동가이자 역사학자, 언론인입니다. 그는 일제의 침략을 비판하고 우리의 민족적 자긍심을 높이는 글을 썼습니다.

을지문덕전   조선사 연구초

① 백남운
② 신채호
③ 안창호
④ 이동휘

정답 확인

오늘 나의 실력은?   확인

도전! 한국사능력검정시험

3·1 운동 이후 일제는 더욱 교묘한 통치 정책과 경제 수탈 정책으로 우리 민족을 억압

하였단다. 일제의 식민 지배 정책에 대해 알아보고, 일제에 맞선 민족 운동도 정리해 보자!

일제의 민족 분열 정책과 민족 말살 정책

1920년대	'문화 통치'	• 내용: 보통 경찰제 실시, 교육 기회의 확대, 언론·출판·집회·결사의 자유 일부 허용 • 의도: 친일파 양성, 한국인 회유와 민족 분열 의도
	★산미 증식 계획	• 목적: 일본 내 부족한 식량 문제 해결 • 결과: 증산량보다 많은 양이 유출됨. ➡ 한국의 식량 사정이 악화됨.
1930년대 이후	민족 말살 정책	• 목적: 한국인의 민족의식을 말살하여 전쟁에 쉽게 동원하기 위해 시행됨. • 내용: 신사 참배 강요, 황국 신민 서사 암송, 일본식 성명 사용 강요 등
	인적·물적 자원 수탈	• 국가 총동원법 제정: 인력 수탈, 공출제를 실시하여 쌀과 금속 등을 수탈함. • 징용·징병, ★일본군 '위안부' 등으로 강제 동원함.

국내의 민족 운동과 무장 독립 투쟁

| 국내의 민족 운동 | • 실력 양성 운동: 물산 장려 운동, 민립 대학 설립 운동 등을 전개함.
• 학생 운동: 6·10 만세 운동(1926), ★광주 학생 항일 운동(1929)
• 농민·노동자 운동: 일제의 농촌 정책에 맞선 농민 운동, 노동 조건 개선과 임금 인상을 요구하며 노동 운동 등을 전개함.
• 차별 철폐 운동: 여성 운동, 소년 운동, 형평 운동 등을 전개함. |
| 무장 독립 투쟁 | • 봉오동 전투와 청산리 대첩: 봉오동 전투(홍범도의 대한 독립군 등)와 청산리 대첩(김좌진의 북로 군정서 등)에서 일본군을 크게 격파함.
• 의열 투쟁: 김원봉 주도로 의열단 결성 ➡ 일본의 주요 인물 암살, 식민 통치 기관에 폭탄 투척 등
• ★한국 광복군: 대한민국 임시 정부의 군대, 연합군과 함께 항일 전쟁, 국내 진공 작전 준비 |

방정환

민족 문화 수호 운동

국어	조선어 연구회(가갸날 제정, 잡지 『한글』 발행), ★조선어 학회(우리말 『큰사전』 편찬 시도)
역사	• 신채호: 『을지문덕전』, 『이순신전』 등 위인전을 편찬함. • 박은식: 역사를 혼이라 규정, 혼을 간직하면 독립할 수 있다고 주장함.
문학	한용운, 이육사, 윤동주 등이 저항시로 민족정신을 표현함.

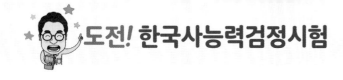

1 (가)에 해당하는 정책으로 옳은 것은?

(   )

파일(F) 편집(E) 보기(V) 즐겨찾기(V) 도구(T) 도움말(H)

역사 통합 검색   ▼

검색어 ◆   (가)   ▼   검색

검색 결과

일제는 자국의 식량 부족 문제를 해결하기 위해 1920년부터 이 정책을 실시하였다. 이 정책으로 국내 쌀 생산량이 약간 늘어났지만 더 많은 쌀이 일본으로 유출되어 오히려 식량 사정은 악화되었다.

▲ 우리 쌀이 유출되는 모습

① 대동법   ② 회사령
③ 토지 조사 사업   ④ 산미 증식 계획

2 (가)에 들어갈 내용으로 옳은 것은? (   )

파일(F) 편집(E) 보기(V) 즐겨찾기(V) 도구(T) 도움말(H)

한국사 묻고 답하기   답변: 12   조회: 85

질문   (가)   에 관해 알려 주세요.

답변
  ↳ 1920년 평양에서 시작되었어요.
  ↳ '내 살림 내 것으로'라는 표어를 내세웠어요.

① 국채 보상 운동
② 문자 보급 운동
③ 물산 장려 운동
④ 민립 대학 설립 운동

3 밑줄 그은 '이 운동'에 관한 설명으로 옳은 것은?

(   )

이 운동은 1929년 한국인 학생과 일본인 학생의 충돌에서 비롯되었어.

학생들은 민족 차별 철폐와 식민지 교육 반대를 내세우며 시위를 벌였어.

① 정부에 헌의 6조를 건의하였다.
② 「조선 혁명 선언」을 활동 지침으로 삼았다.
③ 신간회가 조사단을 파견하여 지원하였다.
④ 일제가 이른바 문화 통치를 실시하는 계기가 되었다.

4 (가)에 들어갈 단체로 옳은 것은?   (   )

한국사 퀴즈

1919년 만주에서 김원봉이 조직한 단체로 일제의 주요 기관 파괴와 일본인 관료, 친일파 처단을 목적으로 한 단체는?

(가)

① 신민회   ② 의열단
③ 한인 애국단   ④ 조선 형평사

5 (가) 독립군 부대에 관한 설명으로 옳은 것은? ( )

① 국내 진공 작전을 준비하였다.
② 간도 참변 이후 자유시로 이동하였다.
③ 총사령 박상진의 지휘 아래 활동하였다.
④ 청산리 대첩에서 일본군을 크게 물리쳤다.

6 밑줄 그은 '이 시기'에 있었던 사실로 옳은 것은? ( )

① 균역법이 시행되었다.
② 방곡령이 선포되었다.
③ 일본식 성명 사용을 강요하였다.
④ 신식 군대인 별기군이 창설되었다.

7 다음 학생들이 이야기하고 있는 단체로 옳은 것은? ( )

① 신간회　　　② 독립 협회
③ 황국 협회　　④ 조선어 학회

8 (가)에 들어갈 인물로 옳은 것은? ( )

[역사 인물 소개]

이달의 인물, (가)

일제의 식민 사관에 맞서 우리 민족의 우수성을 알리고자 노력한 역사가 중 한 사람이다. 우리 역사가 독자적이고 자주적으로 발전하였음을 강조하여 민족주의 사학을 발전시켰다. 또한, 일본의 침략 과정을 서술한 『한국통사』를 편찬하였고, 독립운동의 과정을 서술한 『한국독립운동지혈사』를 편찬하였다.

① 박은식　　　② 신채호
③ 김원봉　　　④ 백남운

키워드 낱말 퍼즐

다음은 한국사능력검정시험에 자주 출제되는 핵심 용어를 뽑아 구성한 가로세로 퍼즐이다. 공부한 내용을 떠올리며 퍼즐을 완성해 보자.

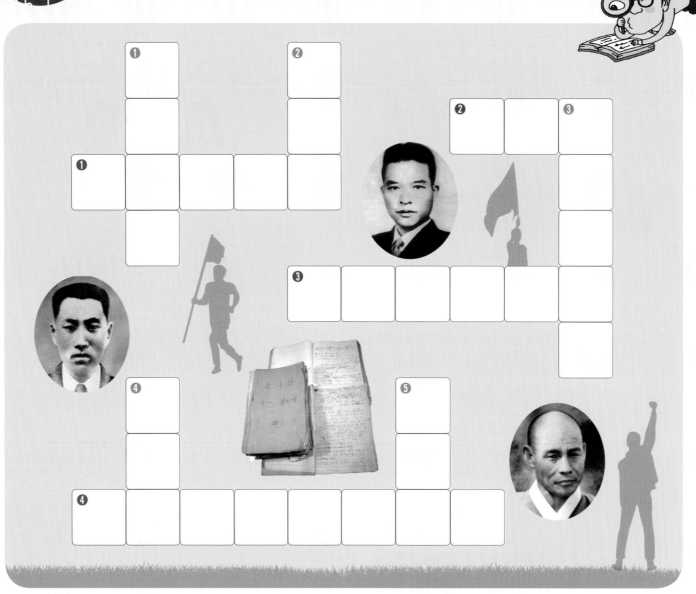

가로 열쇠

❶ 3·1 운동 이후 일제가 실시한 민족 분열 정책 중 하나로, 헌병 경찰제의 이름만 바꿔서 조선인에 대한 탄압과 감시를 강화한 경찰 제도이다.

❷ 1919년 만주에서 의열단을 조직하여 의열 투쟁을 전개한 인물이다.

❸ 1931년 조직된 조선어 학회에서 ○○○ ○○○을 편찬하려고 하였지만 일제에 의해 조선어 학회가 해산당하여 당시에 완성되지 못하였다.

❹ 1929년 한국인 학생과 일본인 학생의 충돌 사건을 계기로 ○○ ○○ ○○ ○○이 일어났다.

세로 열쇠

❶ 3·1 운동 이후 일제는 한국인의 반발을 무마하기 위해 이른바 ○○ ○○를 실시하였다.

❷ 1930년대 이후 일제가 전쟁에 필요한 자원을 확보하기 위해 쌀, 놋그릇 등을 수탈해 간 제도이다.

❸ 1920년 홍범도가 이끄는 대한 독립군이 연합 부대와 함께 ○○○ ○○에서 큰 승리를 거두었다.

❹ 일제 강점기에 동양 척식 주식회사에 폭탄을 투척하는 의거 활동을 벌인 독립운동가이다.

❺ 3·1 운동 때 민족 대표 33인 중 한 명으로, 저항 의식을 담은 시 「님의 침묵」을 발표했다.

8·15 광복 이후 어떤 과정을 거쳐 대한민국 정부가 수립되었을까?

광복 이후 한반도에서는 총선거를 두고 의견이 대립하였다. 다음 주장을 보고 나의 생각도 말풍선에 써 보자.

큰별쌤의 영상

1945년 8월 15일 우리 민족은 그토록 열망하던 광복을 맞이하였지. 하지만 광복과 함께 제2차 세계 대전의 승전국인 미국과 소련이 북위 38도선을 기준으로 한반도를 나누어 점령하면서 우리 민족은 분단이라는 상황 속으로 빨려 들어갔어.

모스크바 3국 외상 회의에서 신탁 통치 실시가 결정되자 이를 둘러싼 좌우익의 대립이 심해졌지. 이러한 혼란 속에서 국제 연합은 남한만의 총선거를 결정하였고, 통일 정부 수립 노력이 전개되었지만 결국 남과 북은 각각 정부를 수립하게 되었지.

광복 이후 대한민국 정부가 어떤 과정을 통해 수립되었는지 우리 함께 자세히 알아보자.

광복을 맞이하다

1945년 8월 15일, 우리 민족의 독립을 위한 끊임없는 노력과 제2차 세계 대전에서 일본의 항복으로 우리는 꿈에 그리던 광복을 맞는단다.

한편 일본의 패망을 예상한 대한민국 임시 정부를 비롯한 독립운동 단체들은 광복 이후를 대비하여 분주하게 움직였어. 특히 여운형 등은 광복 직후 조선 건국 준비 위원회를 조직하여 광복 이후 불안한 치안 상황에 대비하고 자주적인 정부를 수립하기 위한 노력을 시작하였지.

광복과 동시에 38도선이 그어지다

하지만 우리 민족에게는 광복과 함께 또 다른 시련이 찾아왔어. 제2차 세계 대전의 승전국이 된 미국과 소련이 일본군의 무장 해제를 명분으로 한반도 중간을 가로지르는 북위 38도선을 기준으로 남북을 각각 점령한 거지.

1945년 12월 연합국을 대표하는 미국, 영국, 소련의 외무 장관은 모스크바에서 3국 외상 회의를 열었어. 이 회의에서는 한반도에 임시 민주 정부를 수립하고 정부 수립 전까지 최대 5년간 신탁 통치를 실시한다는 내용이 결정되었어.

신탁 통치
국제 연합의 위임을 받은 나라가 자치 능력이 없는 지역을 다스리는 정치 형태를 말한다.

모스크바 3국 외상 회의에서 한반도의 신탁 통치를 결정하였어!

신탁 통치의 내용이 알려지자 많은 사람들이 일제의 식민지에서 벗어나자마자 다른 나라의 지배를 받을 수 없다며 신탁 통치에 반대했어. 하지만 임시 민주 정부 수립이 우선이라고 생각한 사람들은 모스크바 3국 외상 회의의 결정 사항에 대해 찬성하면서 양측의 갈등이 발생하였지.

한편 임시 정부 구성 방법을 논의하기 위해 미·소 공동 위원회가 열렸지만, 미국과 소련의 입장 차이로 회의는 결렬되고 미국은 한반도 문제를 국제 연합(UN)으로 넘겼어.

5·10 총선거와 대한민국 정부 수립

국제 연합은 남북한 총선거로 통일 정부를 수립하기로 결정했지만, 소련은 이를 거부했어. 국제 연합은 남한에서만이라도 총선거를 실시하도록 했지. 이에 남한만의 단독 정부 수립과 통일 정부 수립을 주장하는 사람들이 대립하였어.

남한만의 **단독 정부 수립에 반대**하는 김구는 평양을 찾아 **남북 협상**을 열었지만 성과를 얻지 못했어. 또한, 제주도에서는 단독 정부 수립에 반대해 봉기가 일어났고, 이를 진압하는 과정에서 민간인들이 희생되는 제주 4·3 사건이 일어났어.

결국 우리나라 최초의 민주 선거인 5·10 총선거가 치러졌고, 제헌 국회가 구성되었지. 제헌 국회에서는 7월 17일 헌법을 공포하였어.

 제헌 국회에서 이승만이 초대 대통령에 선출되었어.

이승만 대통령은 1948년 8월 15일 **대한민국 정부 수립**을 정식으로 선포했어. 북한에서도 곧이어 조선 민주주의 인민 공화국이 수립되면서 우리는 남과 북으로 나뉘었지.

나라를 바로 세우기 위해 노력하다

대한민국 정부가 수립되고 일제 강점기 동안 잘못된 사회를 바로잡고자 하였어. 우선 친일에 앞장섰던 민족 반역자들을 처단해야 했지.

제헌 국회에서는 **반민족 行爲 처벌법**을 제정하고 반민 특위라고 부르는 반민족 행위 특별 조사 위원회를 구성했어. 친일파를 잡아들이는 반민 특위의 활동은 국민의 큰 지지를 받았지만, 이승만 정부의 소극적인 활동으로 민족 반역자들에 대한 처벌은 제대로 이루어지지 못했어.

다음으로 해야 할 일은 일제 강점기에 토지 없이 살아온 농민에게 토지를 나누어 주는 일이었어. **농지 개혁**으로 많은 땅을 소유한 지주들은 사라지고 대부분의 농민이 자기 소유의 땅을 가지게 되었지.

대한민국 정부 수립 과정

대한 독립 만세!

1945년 8월 15일 드디어 광복을 맞이하였다.

광복이 되었는데 왜 분단되어야 하지?

북위 38도선을 기준으로 남북이 나뉘었다.

우리나라 최초의 민주 선거이지.

남한만의 총선거가 실시되었다.

1948년 남과 북은 완전히 나뉘게 되었다.

| 광복과 대한민국 정부 수립 |

정리해 보자!

❶ 일본의 항복으로 우리 민족은 1945년 8월 15일 ☐☐ 을 맞이하였어.

❷ 모스크바 3국 외상 회의에서 한반도의 ☐☐☐☐ 를 결정했어.

❸ 5·10 총선거를 통해 헌법을 제정하는 ☐☐☐☐ 가 구성되었어.

---

1 다음은 대한민국 정부 수립 과정이다. 일어난 순서대로 나열하시오.

(   ) → (   ) → (   )

(가)
5·10 총선거

(나)
신탁 통치 반대 운동

(다)
대한민국 정부 수립 선포식

2 다음 두 사람의 대화에서 밑줄 그은 '위원회'는 무엇인지 쓰시오. (   )

이보게! 지난 전쟁 때 일본에 비행기를 몇 대 바쳤다는 박 사장이 글쎄 잡혀갔다네!

아이고 잘 됐구먼! 우리 민족에게 그렇게나 모질게 굴더니.

그 <u>위원회</u>가 이제 일을 시작했으니 친일파들은 다 벌 받을 걸세.

그럼, 그래야 더 이상 나라와 민족을 배신하는 나쁜 사람들이 나오지 않지.

한국사능력검정시험 기출

3 (가)에 들어갈 내용으로 옳은 것은? (   )

1945년 12월에 개최된 [(가)]에서는 조선 임시 민주 정부 수립과 미·소 공동 위원회 설치, 신탁 통치 문제 등을 협의하였습니다.

① 포츠담 회담
② 카이로 회담
③ 파리 강화 회의
④ 모스크바 3국 외상 회의

6·25 전쟁은 왜 일어났고 어떤 결과를 가져왔을까?

 다음은 6·25 전쟁 이후 우리 민족이 겪은 어려움을 나타낸 그림이다. 초성 힌트를 보고, □□□□ 안에 들어갈 알맞은 말을 써서 사진의 제목을 완성해 보자.

ㅇ ㅅ ㄱ ㅈ 을 찾는 사람들

딸을 찾습니다

정답: □ □ □ □

큰별쌤의 영상

우리 민족의 비극인 6·25 전쟁으로 수백만 명이 죽거나 다치고 수십만 명의 전쟁고아, 이산 가족이 발생했어. 이산가족들은 전쟁으로 가족의 생사조차 알지 못하고 살아야 했지.

그래서 1983년 한국방송공사(KBS)에서는 이산가족 찾기 특별 생방송을 진행했어. 이 방 송으로 남한에 있는 이산가족 중 만여 명의 가족을 찾을 수 있었지만, 남과 북에 헤어져 살 고 있는 이산가족들은 만날 길이 없었어.

아직도 수많은 이산가족이 가족을 그리워하며 살고 있단다.

그럼 6·25 전쟁이 일어난 배경과 6·25 전쟁이 남긴 결과를 우리 함께 자세히 알아보자.

6·25 전쟁이 시작되다

남과 북에 체제와 이념이 다른 정부와 정권이 각각 수립되면서 남북의 갈등은 커져 갔지. 이러한 상황 속에서 1950년 6월 25일 새벽, 북한은 기습적으로 **38도선을 넘어 남한을 침략했어.** 소련으로부터 지원을 받으며 전쟁 준비를 해 온 북한은 3일 만에 서울을 점령하고 순식간에 낙동강 부근까지 내려왔지.

국제 연합(UN)에서는 북한의 공격을 평화를 파괴하는 침략 행위로 규정하고 전투를 멈출 것을 요구했지만, 북한이 이를 거부하자 남한을 돕기 위해 미국을 비롯해 16개국으로 구성된 **국제 연합군(유엔군)**을 보냈단다. 국군과 유엔군은 북한군이 더 이상 내려오지 못하도록 **낙동강 방어선을 구축했어.**

인천 상륙 작전의 전개와 중국군의 개입

북한군이 낙동강 이남을 제외한 전 지역을 장악한 가운데 유엔군 사령관인 미국의 맥아더는 전세를 뒤집기 위한 **인천 상륙 작전**을 계획했어. 인천 상륙 작전의 성공으로 **국군과 유엔군**은 서울을 되찾을 수 있었시. 국군과 유엔군은 기세를 몰아 평양을 점령하고 압록강까지 진격하였어.

이제 곧 통일이 눈앞에 왔다고 생각한 순간, 예상치 못한 상황이 일어났어. 바로 북한을 도와 **중국군이 참전을 한 거지.** 어마어마한 병력의 중국군은 압록강을 넘어 빠른 속도로 밀고 내려왔지. 국군과 유엔군은 결국 후퇴를 결정했어. 중국군의 빠른 남하 속도와 추위로 육지를 이용한 철수가 어려워지자, 함경도 흥남에서 배를 이용한 대규모 철수 작전을 펼쳤지.

북한군의 남침

국군과 유엔군의 반격

중국군의 개입

전선 고착·휴전

정전 협정을 체결하다

국군과 유엔군은 서울을 다시 빼앗겼지만, 전열을 재정비해 되찾았어. 이후 북위 38도선을 경계로 치열한 전투가 계속되었지. 전쟁이 길어지며 양측 모두 피해가 극심해지자 소련은 정전 회담을 제안했어.

정전 협정이 맺어지면서 휴전선을 기준으로 남북이 나누어졌어.

하지만 휴전선 설정 문제와 포로 교환 방식 등을 둘러싼 의견 대립으로 쉽게 합의를 내지 못하였지. 결국 1953년 7월 정전 협정이 체결되면서 6·25 전쟁은 마무리되었어. 남과 북이 휴전선을 가운데 두고 둘로 나뉜거야.

6·25 전쟁은 남과 북의 정치에 어떤 영향을 끼쳤나요?

남한의 이승만 정부는 반공을 내세워 독재 정치를 실시했고, 북한의 김일성 정권도 경쟁 세력을 제거하여 독재 체제를 강화했지. 이처럼 6·25 전쟁은 남북에 독재 정권이 확립되는 데 영향을 주었어.

전쟁의 피해

6·25 전쟁으로 당시 남북한 인구의 6분의 1에 해당하는 500만여 명의 군인과 민간인이 죽거나 다치는 어마어마한 인명 피해가 발생했지. 그뿐만 아니라 수십만 명의 전쟁고아와 천만 명이 넘는 이산가족이 생겼어. 또한 도로, 주택, 생산 시설 등이 파괴되면서 국토가 황폐화되었지. 무엇보다 하나의 민족이 서로 총칼을 겨누고 싸우면서 남한과 북한은 서로에게 잊지 못할 상처를 남겼어.

이산가족 찾기 특별 생방송 모습

전쟁으로 폐허가 된 건물

전쟁 중에 부모를 잃은 아이

전쟁으로 파괴된 수원 화성

| 6·25 전쟁 |

❶ 1950년 6월 25일 [ ][ ] 이 남한을 기습 침략하면서 6·25 전쟁이 일어났어.

❷ 국군과 유엔군은 [ ][ ][ ][ ][ ] 을 통해 전세를 뒤집고 서울을 되찾았어.

❸ 국군과 유엔군은 압록강 유역까지 진격했지만 [ ][ ][ ] 의 개입으로 후퇴했어.

1 다음은 6·25 전쟁의 전개 과정이다. 일어난 순서대로 나열하시오.

(   ) → (   ) → (   )

(가)

중국군의 참전

(나)

북한군의 기습 남침

(다)

정전 협정

2 ㉠, ㉡에 들어갈 지역을 지도에서 찾아 쓰시오.

㉠: (   ), ㉡: (   )

- 국군과 유엔군은 [㉠] 상륙 작전을 실시하여 서울을 되찾고 압록강까지 진격하였다.
- 북한군이 빠르게 남쪽으로 진격하자 우리 정부는 대한민국 동남쪽에 자리한 [㉡] 을 피란 수도로 정하였다.

3 (가) 전쟁에서 있었던 사실로 옳은 것은?   (   )

사진으로 보는 [(가)]

북한군의 침입   흥남 철수   정전 협정 체결

① 베트남에 국군을 파병하였다.
② 7·4 남북 공동 성명을 발표하였다.
③ 인천 상륙 작전으로 서울을 되찾았다.
④ 청산리에서 김좌진 부대가 승리하였다.

정답 확인   오늘 나의 실력은?   확인

8주 / 1일

2. 근·현대 사회의 전개

4·19 혁명과 5·16 군사 정변이 일어난 까닭은 무엇일까?

 다음은 우리나라의 민주화 운동에 대해 이야기를 나누는 모습이다. 대화 내용을 보고, 어떤 민주화 운동에 대한 설명인지 빈칸에 써 보자.

안녕? 우리 이번 사회 과제인 [   ]에 대해 자신이 조사한 내용을 말해 보자.

이 민주화 운동은 1960년 3·15 부정 선거에 반발하여 일어났어.

학생은 물론, 일반 시민과 대학교수들까지 모두 참여한 민주화 운동이야.

이 민주화 운동의 결과로 이승만 대통령이 자리에서 물러났어.

정답: [   ]

큰별쌤의 영상

우리나라의 첫 번째 대통령인 이승만은 대통령을 몇 번이나 했을까?

당시 헌법에 의하면 대통령의 임기는 4년으로, 총 2번까지 할 수 있었어. 그러나 이승만은 총 12년 동안 대통령직을 맡았지. 이승만이 오랜 기간 대통령을 할 수 있었던 이유는 장기 집권을 위해 계속 헌법을 바꾸었기 때문이야. 그 이후에도 계속 권력을 유지하기 위해 대대적인 부정 선거를 저질렀어. 그러나 국민은 4·19 혁명을 통해 부패한 권력에 벌을 주었지. 이렇게 국민은 정부가 옳지 않은 길로 갈 때 모두 함께 일어나 민주주의를 수호하고자 했어.

그럼 1960년 3·15 부정 선거에 반발하여 일어난 4·19 혁명과 이후 5·16 군사 정변으로 정권을 장악한 박정희 정부에 대해 우리 함께 알아보자.

90

이승만 정부가 장기 집권을 시도하다

이승만 정부는 제2대 대통령 선거를 앞두고 자신들에게 유리하도록 헌법을 고쳐 대통령 간선제를 **대통령 직선제**로 바꾸었어. 이 개헌을 통해 이승만은 재집권에 성공했어. 이후 이승만 정부는 정권 유지를 위해 또 다시 헌법을 고쳤어. **초대 대통령에 한해 계속 대통령 선거에 나갈 수 있도록 한 거지.**

국가의 기본 권리를 다루는 헌법은 쉽게 바꿀 수 없어. 그러나 당시 이승만 정부가 자신의 정권 유지를 위해 너무 쉽게 헌법을 바꾸면서 국민은 정부의 독재에 큰 불만을 가지게 되었지. 이런 상황에서 이승만 정부는 1960년 3월 15일에 실시된 정·부통령 선거에서 온갖 방법을 동원해 부정 선거를 저질렀어.

직선제와 간선제

직선제는 직접 선거 제도의 줄임말로, 표를 행사하는 개인이 직접 대상을 뽑는 제도야. 간선제는 개인의 표를 대신 행사할 중간 선거인을 뽑아 중간 선거인이 대상을 선출하는 제도이지.

3·15 부정 선거의 유형

▲ 미리 투표함에 투표지를 넣어 놓기

▲ 유권자에게 뇌물 제공하기

▲ 조를 지어 공개 투표하기

4·19 혁명이 일어나다

결국 전국 곳곳에서 **부정 선거에 항의**하는 시위가 일어났어. 마산에서 3·15 부정 선거에 반발하여 가장 먼저 시위가 일어났고, 이 시위에 참여했던 김주열 학생이 마산 앞바다에서 사망한 채 발견되었지.

이 소식에 분노한 전국 곳곳의 학생들은 광장으로 나왔어. 대학생부터 초등학생들까지 시위에 참여하고 대학교수, 일반 시민까지 시위에 참여해 이승만 정권의 부정과 독재를 비판하는 목소리를 높였어. 이 민주화 운동을 **4·19 혁명**이라고 부른단다. 결국 국민의 엄청난 저항에 이승만이 대통령직에서 내려왔지. 국민의 힘으로 부정과 독재에 맞서 민주주의를 지켜 낸 것이었어.

5·16 군사 정변이 일어나다

4·19 혁명으로 이승만 정부가 무너진 이후 내각 책임제를 바탕으로 **장면 내각**이 들어섰지만 당시 정부는 사회 각계 각층의 다양한 목소리를 모두 수용하지 못했어. 결국 박정희를 비롯한 일부 군인들이 장면 내각의 무능함과 사회 혼란을 구실로 5·16 군사 **정변**을 일으켜 정권을 장악했지. 이후 대통령 중심제로 헌법을 개정해 박정희 정부가 들어섰어.

박정희 정부는 1969년 장기 집권을 위해 대통령을 3회까지 할 수 있도록 헌법을 바꾸었어. 이후 1972년 **유신 헌법**을 제정하여 대통령이 막강한 권력을 가질 수 있도록 했지. 국민의 기본권조차 보호하지 않는 유신 헌법에 반대하는 많은 사람이 시위를 벌였어.

하지만 박정희 정부는 민주주의를 요구하는 국민들을 탄압하였지. 그러던 중 1979년 **부산과 마산**에서 유신 헌법에 반대하는 대규모 시위가 일어났어. 결국 이 사건의 처리 문제를 둘러싼 갈등으로 박정희가 피살되는 **10·26 사태**가 벌어졌어.

내각 책임제
대통령은 나라를 대표하는 역할을 맡고 국민이 뽑는 국회 의원이 행정부를 구성해 나라를 이끌어 가는 정치 체제이다.

유신 헌법(일부)

제39조 대통령은 통일 주체 국민 회의에서 토론 없이 무기명 투표로 선거한다.
제53조 대통령은 …… 국민의 자유와 권리를 잠정적으로 정지하는 긴급 조치를 할 수 있고, 정부나 법원의 권한에 관하여 긴급 조치를 할 수 있다.
제59조 대통령은 국회를 해산할 수 있다.

한·일 국교 정상화와 베트남 파병

박정희 정부는 경제 개발 자금을 마련하기 위해 일본과 국교 정상화를 추진했어. 당시 일본은 과거에 대한 반성 없이 독립 축하금이라는 명목으로 돈을 지불하며 과거의 악행을 합리화하려 했지. 이러한 내용이 전해지자 국민은 굴욕적인 **한·일 회담 반대 시위**를 벌였어. 그러나 계엄령을 내리고 강압적으로 시위를 진압하여 **한·일 협정**을 체결하였지.

박정희 정부는 미국의 요청으로 베트남에 군대를 파견하기도 했어. 박정희 정부는 **베트남 파병**을 통해 경제적 이익을 얻고 미국과의 군사 동맹을 단단히 할 수 있었지만, 전쟁에 참여한 수많은 군인이 목숨을 잃거나 다쳤고, 베트남에도 많은 피해를 남겼어.

▶ 한·일 회담 반대 시위

| 4·19 혁명과 5·16 군사 정변 |

❶ 4·19 혁명은 3·15 ☐☐☐☐가 원인이 되어 발생한 민주화 운동이야.

❷ ☐☐☐를 중심으로 하는 군인 세력이 5·16 군사 정변으로 정권을 장악했어.

❸ 1970년대 박정희 정부는 대통령이 막강한 권력을 가지는 ☐☐☐☐을 제정했어.

---

1 다음은 1960년 정·부통령 선거에서 볼 수 있었던 모습이다. 이를 배경으로 일어난 민주화 운동을 쓰시오.   (   )

2 다음 낱밀 카드 중 박정희 정부와 직접적으로 관련 있는 단어를 모두 골라 쓰시오.

(   )

| 5·16 군사 정변 | 3·15 부정 선거 | 유신 헌법 | 4·19 혁명 |

| 내각 책임제 | 10·26 사태 | 김주열 | 한·일 협정 |

한국사능력검정시험 기출

3 (가)에 들어갈 학습 주제로 옳은 것은?   (   )

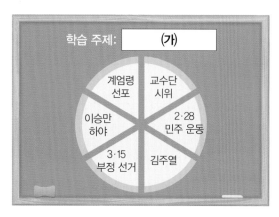

학습 주제: (가)

계엄령 선포 / 교수단 시위 / 이승만 하야 / 2·28 민주 운동 / 3·15 부정 선거 / 김주열

① 4·19 혁명
② 6월 민주 항쟁
③ 6·10 만세 운동
④ 5·18 민주화 운동

5·18 민주화 운동과 6월 민주 항쟁으로 어떤 변화가 나타났을까?

 다음은 가상 뉴스의 한 장면이다. 가상 뉴스의 내용과 관련 있는 민주화 운동이 무엇인지 써 보자.

올해 초 대학생 박종철이 고문에 의해 사망한 이후 이에 대한 정부의 해명과 직선제 개헌을 요구하는 시민들의 시위가 더욱 거세지고 있습니다. 며칠 전 민주화 시위에 나섰던 대학생 이한열이 최루탄에 맞아 중태에 빠진 현재, 정부가 취해야 할 태도에 대해 시민들의 인터뷰를 들어보겠습니다.

군부 독재 타도하자

정답:

박정희 정부의 독재를 겪은 시민들은 10·26 사태로 유신 체제가 무너지자 민주주의 사회가 시작되기를 기대했어.

그러나 권력의 공백을 노려 또 다른 군인 세력이 정권을 잡고 말았지. 이들을 신군부라고 해. 시민들은 민주주의 사회를 쟁취하기 위해 정권에 굴하지 않고 민주화 운동을 벌였단다.

1980년에는 광주에서 군인 세력에 맞서 민주화 운동이 일어났고, 1987년에는 직선제 개헌 요구와 독재 타도를 외치며 전국의 시민들이 나섰어.

그럼 민주주의 사회를 위해 시민들이 어떤 노력과 희생을 했는지 우리 함께 알아보자.

5·18 민주화 운동이 일어나다

10·26 사태 이후 국민은 민주주의 사회가 이루어지기를 기대했어. 그러나 같은 해 12월 12일 전두환과 노태우를 중심으로 하는 **신군부** 세력이 쿠데타를 일으켜 정권을 장악하는 **12·12 사태**가 일어났어.

민주주의 사회를 기대했던 국민은 또 다시 군인 세력이 정권을 잡자 가만히 있을 수 없었어. 서울에서 시작된 민주화 시위는 학생과 시민들을 중심으로 전국으로 퍼져 유신 헌법의 폐지와 신군부의 퇴진을 요구하며 해를 넘겨 5월까지 이어졌어. 하지만 신군부는 **비상계엄령**을 전국으로 확대하고 국민의 모든 정치 활동을 금지하여 신군부에 반대하는 사람들을 잡아들였어.

이러한 상황에서 1980년 5월 18일 **광주**를 중심으로 신군부의 비상계엄령 확대에 반대하는 대규모 시위가 일어났어. 계엄군이 폭력적으로 시위를 진압하여 수많은 사람이 다치고 목숨을 잃자, 광주 시민들은 시민군을 조직하여 계엄군에 맞섰어.

하지만 계엄군은 탱크를 앞세우고 헬기까지 동원해 대대적으로 시민군을 진압했지. 이를 **5·18 민주화 운동**이라고 해. 5·18 민주화 운동은 이렇게 막을 내렸지만 이후 전개된 1980년대 민주화 운동의 밑거름이 되었어. 또 이 운동의 관련 자료가 2011년 유네스코 세계기록유산으로 등재되었어.

계엄
전쟁이나 국가 위기 상황에서 지역의 행정권이나 사법권을 군대가 담당하며, 헌법에 보장된 국민의 기본권을 제한할 수 있는 제도이다.

전두환 정부가 들어서다

5·18 민주화 운동 이후 전두환은 간접 선거를 통해 대통령에 선출되었어. 국민의 민주화 요구를 탄압하고 들어선 **전두환 정부**는 언론을 검열하고 국민을 통제하면서 정부에 반대하는 목소리를 철저히 억눌렀어.

한편으로는 국민이 정치에 대한 관심을 줄이도록 프로 야구 출범, 해외여행 자유화, 야간 통행금지 해제 등을 추진하기도 했단다. 하지만 민주주의를 짓밟은 채 들어선 전두환 정부에 대해 국민의 불만과 불신만 쌓여 갔지.

6월 민주 항쟁이 일어나다

전두환 정부의 강압적인 정책과 각종 비리를 본 시민들은 자신의 손으로 대통령을 뽑을 수 있도록 **대통령 직선제 개헌을 요구**하였지. 1987년 민주화 운동이 본격화될 조짐이 보이자, 정부는 다시 학생들을 강하게 탄압하였어. 이 과정에서 대학생 **박종철**이 경찰의 고문으로 사망했지. 박종철의 죽음에 대한 진실이 세상에 알려지면서 민주화 요구는 더욱 거세졌지.

4·13 호헌 조치
호헌은 헌법을 수호한다는 의미이다. 전두환 정부는 국민의 대통령 직선제 요구를 무시하고 당시 헌법대로 간접 선거를 통해 대통령을 뽑는 방식을 유지하겠다고 발표하였다.

하지만 오히려 전두환 정부는 **4·13 호헌 조치**를 발표했어. 이 발표는 국민을 더욱 분노하게 했고, 전국 각지에서 수십만 명이 대통령 직선제 개헌과 전두환 정부의 퇴진을 요구했어. 시위 과정에서 대학생 **이한열**이 경찰이 쏜 최루탄에 머리를 맞아 쓰러지면서 민주화 운동은 남녀노소를 가리지 않고 전국으로 확대되었어.

6월 민주 항쟁의 결과 대통령 직선제로 헌법을 개정하게 돼.

들끓는 시민들의 분노에 결국 여당의 대통령 후보였던 노태우가 **대통령 직선제를 수용하고 국민의 기본권을 보장**한다는 6·29 민주화 선언을 발표한단다. 국민의 힘으로 독재 정권을 무너뜨리고 헌법을 고치게 한 것이지. 이후 대통령은 국민이 선거를 통해 직접 뽑았으며 임기는 5년으로 정해졌어.

민주주의가 발전하다

6월 민주 항쟁으로 국민은 자신의 손으로 대통령을 뽑을 수 있게 되었지. 우리나라는 1988년 서울 올림픽을 성공적으로 개최하면서 세계에 우리나라의 위상을 알릴 수 있었고, 1990년대에는 지방 자치제를 실시하여 지역 주민들의 뜻을 반영한 자치가 가능해졌어. 이렇게 국민의 힘으로 쟁취한 민주주의는 나라의 성장과 함께 더욱 발전한단다.

정리해 보자!

| 5·18 민주화 운동과 6월 민주 항쟁 |

❶ 전두환, 노태우를 중심으로 하는 [ ][ ][ ] 세력이 12·12 사태를 일으켜 정권을 장악했어.

❷ 5·18 민주화 운동은 신군부의 비상계엄 확대에 반발하여 [ ][ ]를 중심으로 일어났어.

❸ 6월 민주 항쟁의 결과 국민이 직접 대통령을 뽑을 수 있는 [ ][ ][ ] 개헌이 이루어졌어.

---

1 다음 밑줄 그은 '민주화 운동'은 무엇인지 쓰시오.　　　　　　　(　　　　　　)

1980년에 일어난 <u>민주화 운동</u>이다. 신군부의 비상계엄 확대에 반대하여 광주를 중심으로 일어난 민주화 운동으로, 이후 전개된 1980년대 민주화 운동의 밑거름이 되었다. 또한 이 운동에 대한 기록물은 그 가치를 인정받아 2011년 유네스코 세계 기록 유산으로 등재되었다.

2 다음 중 6월 민주 항쟁과 관련 있는 사진을 모두 골라 기호를 쓰시오.　(　　　　　　)

ㄱ

6·29 민주화 선언에
기뻐하는 시민들

ㄴ

계엄령 확대에 반발하여 모인
광주 시민들

ㄷ

고문으로 사망한 박종철을
애도하는 학생들

한국사능력검정시험 기출

3 (가)에 들어갈 사건으로 옳은 것은?　　　　　　　　　　　　(　　　)

광주,
그날의 이야기

[(가)]　40주년 기념 특별판

1980년 그날, 신군부의 무자비한 진압에
맞서 민주주의를 외친 광주 시민들의
이야기를 들어 본다.

① 4·19 혁명
② 6월 민주 항쟁
③ 5·18 민주화 운동
④ 3선 개헌 반대 운동

정답 확인 　오늘 나의 실력은?　확인

2. 근·현대 사회의 전개

우리나라의 경제는 어떻게 발전하였을까?

다음은 외환 위기를 극복하기 위해 우리 국민이 전개한 운동에 대한 기사이다. 초성 힌트를 보고, ☐☐☐☐ 안에 알맞은 말을 써 보자.

역사 신문

우리나라는 지속적인 경제 성장을 이루었지만, 1997년 외환 위기로 국가 경제가 큰 어려움을 겪기도 하였습니다. 정부는 부실기업과 금융 기관을 정리하는 등의 국가 정책을 추진하였고, 국민들은 자발적인 ㄱ ㅁ ㅇ ㄱ 운동을 전개하여 어려움을 극복하기 위해 노력하였습니다.

정답: ☐ ☐ ☐ ☐

6·25 전쟁 이후 세계에서 가장 가난한 나라 중 하나였던 대한민국은 현재 세계 10대 무역 대국으로 성장하였단다.

'한강의 기적'으로 불리는 고도성장을 이룩하였고, 1990년대에는 외환 위기를 극복하기 위해 국민이 자발적으로 금 모으기 운동을 전개하기도 했어.

지금 대한민국의 경제 성장은 국가적 노력도 있었지만 가난을 물려주지 않기 위해 열심히 땀 흘려 일한 국민의 노력과 희생이 있었기 때문에 가능했던 것이지.

그럼 대한민국이 어떠한 과정을 거쳐 지금의 경제 성장을 이루었는지 자세하게 살펴볼까?

1950년대 식료품 공업, 섬유 공업 등 소비재 산업 발달

1960년대 의류, 신발, 가방 등 경공업 발전

1970년대 철강, 석유 화학, 배 등 중화학 공업 발전

1980년대 자동차, 기계, 전자 산업 등 발전

1990년대 반도체, 정보 통신 산업 발전

광복 이후의 경제

일제 강점기가 끝난 지 얼마 지나지 않아 6·25 전쟁이 일어나면서 우리나라의 경제는 많이 어려웠어. 6·25 전쟁 이후 미국은 자국에서 소비하고 남은 농산물을 한국에 원조 물자로 보내 줬어. 정부는 이 원조 물자를 통해 국민의 식량 문제를 해결하고 나라의 경제를 일으키기 위해 노력하였지. 이 시기에는 주로 미국이 보내 준 원조 물자인 밀가루, 설탕, 면화 등을 가공해서 판매하는 산업이 발달했는데 밀가루, 설탕, 면화가 모두 흰색이라 이 세 가지 산업을 삼백 산업이라고 불렀어.

'한강의 기적'을 이루다

박정희 정부는 경제 개발을 최우선 과제로 삼고 경제 개발 5개년 계획을 추진했어. 이를 통해 대한민국은 엄청난 경제 성장을 이루었단다.

1960년대에 추진된 경제 개발 계획에서는 자본은 적게 들지만 노동력이 많이 필요한 의류, 합판, 가방, 신발 등의 경공업 분야를 키워 나갔어. 풍부한 노동력을 바탕으로 값싸고 질 좋은 상품을 생산해 수출하면서 빠르게 경제 성장을 이루었지. 그리고 대규모 산업 단지를 만들었고 자재와 물품의 빠른 운송을 위해 서울과 부산을 잇는 경부 고속 국도를 건설했어.

1960년대 경제 성장을 바탕으로 자본이 어느 정도 축적되자, 1970~1980년대에는 철강, 석유 화학, 배, 자동차, 기계 등 중화학 공업 분야를 집중적으로 키워 나가는 경제 개발 계획이 추진되었어. 이 시기에는 경제가 크게 성장하였는데, 수출액이 100억 달러를 넘어서고 국민 소득도 크게 증가하였지.

한편 돈을 벌기 위해 독일로 건너가 광부나 간호사로 일한 사람들도 있었어. 이처럼 이 시기 우리나라 노동자들이 국외에서 근무하며 벌어들인 외화는 경제 발전에 큰 도움이 되었지.

6·25 전쟁이 끝나고 국토가 폐허가 된 상황에서 20년 남짓의 짧은 기간에 이처럼 급속한 발전을 이룬 모습은 세계 어디에서도 찾아볼 수 없었어. 외국 사람들은 한국의 경제 발전을 두고 '한강의 기적'이라고 했지.

경제 발전의 그림자

눈부신 경제 성장 뒤에는 어두운 그림자도 있었어. 정부에서는 물건을 싼값에 수출하기 위해 저임금 정책을 펼쳤고, 수많은 노동자는 턱없이 낮은 임금을 받으며 밤낮 없이 노동에 시달려야만 했어.

 열악한 노동 현실을 개선하기 위해 목숨을 던졌던 사람이 전태일이야.

동대문 평화 시장의 재단사로 일하던 **전태일**은 아무도 노동자들의 목소리에 귀 기울이지 않자, 근로 **기준법** 준수를 요구하며 자신의 몸에 불을 붙여 노동자의 현실을 세상에 알렸어. 전태일의 희생으로 노동자들은 적극적으로 자신의 권리와 인권을 요구하게 되었고, 우리나라의 노동 운동은 크게 **발전**하였어.

한편 이 시기 정부의 특혜를 받으면서 자본을 독점한 '재벌'이 등장했어. 재벌과 국가 권력이 손을 잡으며 각종 부정부패가 일어나기도 했지. 균형적인 사회 발전보다는 경제의 규모를 키우는 데 치우쳤던 정책은 도시와 농촌의 차이, 빈부의 격차, 환경 문제 등 여러 문제를 일으켰단다.

▲ 전태일 동상

근로 기준법이 무엇인가요?

헌법에 따라 근로 조건의 기준을 정함으로써 근로자의 기본적 생활을 보장하고 향상시키며, 균형 있는 국민 경제의 발전을 도모하기 위해 제정한 법이야.

외환 위기를 극복하고 경제가 성장하다

1980년대에는 저유가, 저금리, 저달러의 3저 호황이라는 상황 속에서 세계적으로 경제가 발전하였어. 우리나라도 지속적으로 경제 성장을 이루었고, 1996년에는 경제 **협력 개발 기구**(OECD)에 가입하기도 하였지.

하지만 1997년 **외환 위기**로 국제 통화 기금(IMF)으로부터 구제 금융을 지원받는 등 국가 경제에 큰 어려움을 겪기도 했지. 정부는 부실기업과 금융 기관을 정리하였고, 국민은 자발적으로 금 모으기 운동을 추진하는 등의 노력을 통해 국제 통화 기금에서 빌렸던 돈을 예정보다 빠른 시기에 모두 갚을 수 있었단다. 하지만 이 과정에서 많은 **실업자**가 발생하고 **비정규직**이 늘어나기도 했지. 이후 우리나라는 정보 통신 산업과 반도체 산업 등이 크게 발전하면서 세계 10위권의 무역 대국으로 성장하였지. 최근에는 '**한류**'를 바탕으로 문화 콘텐츠 산업도 크게 발전하였어.

| 우리나라의 경제 성장 |

❶ 6·25 전쟁 이후 미국의 원조 물자를 기반으로 ☐☐☐☐ 이 발달했어.

❷ 경제 개발 계획을 추진하며 서울과 부산을 잇는 ☐☐☐ 국도를 건설했어.

❸ 경제가 성장하여 1996년에 ☐☐☐☐☐☐ 에 가입하였어.

1 다음은 우리나라의 경제 성장 과정에 관한 설명이다. 괄호 안에 들어갈 알맞은 말에 ○표 하시오.

(1) 1960년대에는 의류, 합판, 가방, 신발 등 (경공업, 중화학 공업) 분야를 키워 나갔다.

(2) 1970~1980년대에는 철강, 석유 화학, 배, 자동차, 기계 등 (경공업, 중화학 공업) 분야를 키워 나갔다.

(3) 1997년 (외환 위기, 3저 호황)(으)로 국제 통화 기금(IMF)으로부터 구제 금융을 지원받았다.

2 다음 세 사람이 공통적으로 설명하는 밑줄 그은 '이 사람'은 누구인지 쓰시오.(   )

이 사람은 동대문 평화 시장에서 재단사로 일했어.

이 사람은 노동자의 권리를 위해 근로 기준법 준수를 외치며 분신했어.

이 사람의 희생으로 우리나라의 노동 운동은 크게 발전 하였지.

3 밑줄 그은 '금 모으기 운동'이 있었던 시기를 연표에서 옳게 고른 것은?　　　　　(   )

금모으기 운동 사진이란다. 당시 우리나라는 외환 위기를 맞아 국제 통화 기금(IMF)으로부터 구제 금융 지원을 받았지. 그때 나도 나라의 위기 극복에 힘을 보태기 위해 이 운동에 동참했단다.

할머니, 이것은 어떤 사진 인가요?

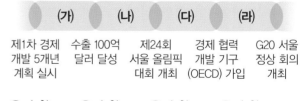

1962	1977	1988	1996	2010
(가)	(나)	(다)	(라)	
제1차 경제 개발 5개년 계획 실시	수출 100억 달러 달성	제24회 서울 올림픽 대회 개최	경제 협력 개발 기구 (OECD) 가입	G20 서울 정상 회의 개최

① (가)　　② (나)　　③ (다)　　④ (라)

정답 확인

오늘 나의 실력은?　확인

남북 평화 통일을 위해 남과 북은 어떤 노력을 하고 있을까?

 다음은 유라시아 횡단 열차의 노선이다. 남북한 철도 연결 사업이 완료되면 기차를 타고 우리 나라에서 어디까지 갈 수 있는지 점선을 따라 시베리아 횡단 철도를 그리며 생각해 보자.

 6·25 전쟁을 거치면서 남과 북은 분단되어 서로 오고갈 수 없게 되었단다. 하지만 평화 통일을 위해 남과 북은 노력을 계속 하고 있어. 그중 하나가 남북한 철도 연결 사업이란다. 경의선이 복구되며 분단으로 끊어진 철길이 연결되었지. 남북한 철도 연결 사업이 완료되면 시베리아 횡단 철도 등과 연계하여 기차를 타고 서울에서 출발해서 유럽 대륙까지 갈 수 있게 된단다.

그럼 분단 이후 남과 북이 한반도의 평화와 통일을 위해 어떠한 노력을 전개했는지 우리 함께 자세히 살펴보자.

통일을 위한 노력

1972
7·4 남북 공동 성명 발표

1991
남북 기본 합의서(남북 사이의 화해와 불가침 및 교류 협력에 관한 합의서) 채택

2000
6·15 남북 공동 선언 발표

2018
판문점 선언 발표

남북한이 통일을 위해 노력하다

6·25 전쟁 이후 남과 북의 적대감은 점점 심해졌어. 하지만 1970년대에 들어와 세계적으로 냉전 체제가 조금씩 풀려 가면서 남과 북도 평화로 나아가기 위해 대화를 시작하였어.

7·4 남북 공동 성명 발표 박정희 정부 때인 1972년 7월 4일에는 자주, 평화, 민족 대단결의 통일 3대 원칙을 담은 **남북 공동 성명**을 발표해 전쟁 이후 처음으로 통일에 대한 논의를 시작했어. 통일의 방법과 체제에 대한 차이로 대화를 계속 이어 가지는 못했지만 남과 북이 같은 공간에서 논의를 시작했다는 것만으로도 큰 의미가 있는 일이었어.

남북 기본 합의서 채택 노태우 정부 때에는 이른바 '북방 외교'가 추진되면서 소련, 중국 등 사회주의 국가들과 수교를 맺게 되었고, 남과 북도 관계가 진전되어 1991년 **남북한이 함께 유엔에 가입**하게 된단다.

그리고 남과 북은 서로의 체제를 인정하고 상호 불가침에 합의한다는 **남북 기본 합의서**를 발표하였지. 이는 언젠가는 남과 북이 하나가 될 것이라는 사실을 공식적으로 합의한 것이었어.

6·15 남북 공동 선언 발표 김대중 정부가 '햇볕 정책'이라고 불리는 적극적인 대북 화해 정책을 추진하면서 남북 관계는 급진전하게 된단다. '햇볕 정책'의 물꼬를 튼 것은 현대 그룹의 정주영이 소 떼를 몰고 북한을 방문한 일이야. 이때부터 남북의 경제 협력이 본격화되었지. 2000년에는 분단 이후 처음으로 남과 북의 정상이 만나는 남북 정상 회담이 평양에서 이루어졌어. 남북 정상은 6·15 **남북 공동 선언**을 발표했지. 그 결과 **남북 이산가족 상봉**이 이루어지고 개성 공단 조성에 합의하였으며 금강산 육로 관광을 추진하였어. 분단으로 끊긴 경의선 철도 복구 사업이 진행되기도 했지.

판문점 선언 발표 남북의 평화 분위기는 노무현 정부까지 이어져 2007년 다시 한 번 남북 정상이 만났어. 하지만 북한의 미사일 시험 발사와 핵 실험 강행으로 남북 관계가 어려움에 놓이기도 했고, 2010년에는 북한이 연평도를 포격하면서 남북 관계는 급속히 나빠지기도 했어.

이런 어려움 속에서도 남북은 하나의 민족이라는 사실을 잊지 않고 평화를 위한 대화를 끊임없이 시도했지.

2018년 평창 동계 올림픽을 계기로 어렵사리 다시 만들어진 화해 분위기 속에서 남북의 정상은 분단을 상징하는 판문점에서 다시 만났어. 남북 정상은 **한반도의 평화와 번영, 통일을 위한 판문점 선언**을 발표하며, 남북의 공존과 평화로 가는 길을 찾기 위해 노력하기로 약속했어.

한반도의 평화를 위한 노력

광복 이후 분단과 6·25 전쟁을 거치면서 수많은 이산가족이 생겨나게 되었지. 아직도 남과 북에 떨어져 살고 있는 이산가족은 서로 만나지 못하고 있단다. 남과 북의 정부가 이산가족 상봉 행사를 추진하기는 했지만, 이때 만날 수 있는 가족의 수가 한정되어 있고 점점 이산가족이 고령화되면서 끝내 가족을 만나지 못하고 눈을 감는 분들도 늘어나고 있단다.

통일이 되면 이같은 **이산가족의 아픔을 치유**할 수 있을 뿐만 아니라 무엇보다 우리 민족이 전쟁의 위협에서 벗어나 평화롭게 살 수 있어. 그리고 국방비도 줄일 수 있고 건설 사업 등을 통해 **경제 발전**도 이룰 수 있어.

앞선 세대의 노력으로 우리가 지금의 대한민국에 살 수 있게 된 것처럼 통일된 조국에서 다음 세대가 살 수 있도록 하는 것이야 말로 우리가 해야 할 일이 아닐까?

| 남북의 평화 통일을 위한 노력 |

정리해 보자!

❶ 1972년 남북한은 자주, 평화, 민족 대단결의 통일 3대 원칙을 담은 7·4 □□□ □□□ 을 발표했어.

❷ 1991년 남북한은 □□ 에 동시 가입했고 남북 기본 합의서를 채택했어.

❸ 2000년 평양에서 최초로 남북 □□ 회담이 개최되었어.

---

1 남북의 평화 통일을 위한 노력을 순서대로 나열하시오.

(   ) → (   ) → (   ) → (   )

(가) 판문점 선언을 발표하였다.

(나) 남북 기본 합의서를 채택하였다.

(다) 7·4 남북 공동 성명을 발표하였다.

(라) 6·15 남북 공동 선언을 발표하였다.

2 다음 중 제1차 남북 정상 회담 이후 추진된 남북 화해와 협력을 위한 노력이 <u>아닌</u> 것을 골라 기호를 쓰시오. (   )

ㄱ
개성 공단 조성

ㄴ
금강산 육로 관광

ㄷ
남북한 유엔 동시 가입

한국사능력검정시험 기출

3 (가)에 들어갈 내용으로 옳은 것은? (   )

① 유신 헌법이 공포되었어.

② 개성 공단 조성에 합의하였어.

③ 신탁 통치 반대 운동을 전개하였어.

④ 제1차 경제 개발 5개년 계획이 수립되었어.

우리나라는 8·15 광복 이후 분단과 전쟁 등의 시련을 극복하고 민주화와 경제 발전, 문화 성장을 이루었어. 대한민국의 발전 과정과 평화 통일을 위한 노력에 대해 정리해 보자.

대한민국 정부 수립과 6·25 전쟁

광복과 남북 분단	8·15 광복(1945) ➡ 북위 38도선을 기준으로 미군과 소련군이 점령 통치함. ➡ 모스크바 3국 외상 회의(한반도에 대한 신탁 통치를 결정함. ➡ 좌익과 우익의 갈등이 심화됨.)
통일 정부 수립을 위한 노력	김구 등이 통일 정부 수립을 위해 남북 협상을 전개함, 단독 정부 수립 반대 시위를 진압하는 과정에서 제주 4·3 사건이 발생함.
대한민국 정부 수립	미·소 공동 위원회 결렬 ➡ 국제 연합에서 남북 총선거 실시 결정 ➡ 소련의 거부 ➡ 국제 연합에서 남한 단독 정부 수립 결의 ➡ 남한에서 5·10 총선거 실시 ➡ 제헌 국회 구성 ➡ 이승만 대통령 선출 ➡ 대한민국 정부 수립 선포(1948)
★6·25 전쟁	북한의 남침 ➡ 북한군이 3일 만에 대부분의 지역 장악 ➡ 인천 상륙 작전으로 서울 수복, 압록강까지 진격 ➡ 중국군 개입 ➡ 국군과 유엔군 후퇴 ➡ 정전 협정 체결

민주주의의 발전

★4·19 혁명 (1960)	이승만 정부의 독재와 3·15 부정 선거에 항의하는 시위가 발생함. ➡ 김주열 학생의 시신이 발견되며 시위가 확산됨. ➡ 경찰의 총격으로 많은 사상자가 발생함. ➡ 대학교수단의 시위 ➡ 이승만이 대통령직에서 물러남.
5·16 군사 정변 (1961)	• 발발: 박정희와 일부 군인이 정권 장악 ➡ 헌법 개정으로 박정희가 대통령에 당선됨. • 박정희 정부의 독재: 3선 개헌, 유신 헌법 공포 ➡ 부·마 민주 항쟁 발발 ➡ 박정희 피살
★5·18 민주화 운동 (1980)	• 배경: 12·12 사태로 신군부가 정권을 장악함. ➡ 신군부의 퇴진 요구 시위가 전개됨. • 전개: 광주에서 계엄 철회와 민주주의 회복을 요구하는 대규모 시위가 발생함. ➡ 신군부가 계엄군을 투입하여 무력 진압해 많은 사람들이 희생됨.
★6월 민주 항쟁 (1987)	전두환 정부의 독재 정치, 박종철 사망 ➡ 진상 규명과 대통령 직선제 개헌 요구 ➡ 전두환 정부의 개헌 거부, 탄압 ➡ 시위 확산 ➡ ★6·29 민주화 선언 발표

경제 성장과 통일을 위한 노력

경제 성장	1960년대(경공업 중심), 1970년대(중화학 공업 중심), 1980년대(자동차, 전자 등 기술 집약 산업 발달), 1990년대(반도체 산업 발달, 외환 위기와 극복), 2000년대 이후(첨단 산업 발달)
통일을 위한 노력	7·4 남북 공동 성명, 남북 기본 합의서, 남북 정상 회담, 6·15 남북 공동 선언, 남북 경제 교류와 이산가족 상봉 등

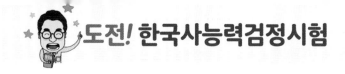
1 다음 상황 이후에 일어난 사건으로 옳은 것은?
( )

대한민국 정부 수립 선포식

① 6·25 전쟁
② 5·10 총선거 실시
③ 조선 건국 준비 위원회 결성
④ 모스크바 3국 외상 회의 개최

2 다음은 6·25 전쟁 중 있었던 사건들을 시기순으로 나열한 자료이다. (가)에 들어갈 사진으로 옳은 것은? ( )

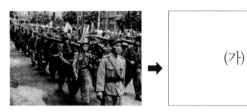
북한군 남침 ➡ (가)

중국군 참전   정전 협정 체결

① 청산리 대첩
② 흥남 철수 작전
③ 인천 상륙 작전
④ 미·소 공동 위원회 개최

3 (가)에 들어갈 내용으로 옳은 것은?
( )

[역사 기획]
4·19 혁명

• **시기**: 1960년
• **원인**: [(가)   ]
• **결과**: 이승만이 대통령직에서 물러남.

① 3·15 부정 선거
② 4·13 호헌 조치
③ 한·일 국교 정상화
④ 신군부의 비상계엄 확대

4 (가)에 들어갈 인물로 옳은 것은? ( )

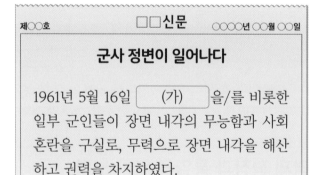

제○○호   □□신문   ○○○○년 ○○월 ○○일

군사 정변이 일어나다

1961년 5월 16일 [(가)]을/를 비롯한 일부 군인들이 장면 내각의 무능함과 사회 혼란을 구실로, 무력으로 장면 내각을 해산하고 권력을 차지하였다.

① 이승만
② 박정희
③ 전두환
④ 노태우

5 다음 학생이 생각하고 있는 민주화 운동으로 옳은 것은? (   )

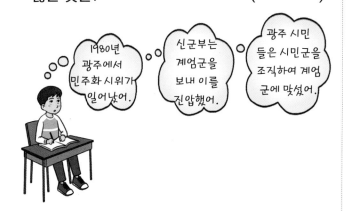

① 4·19 혁명
② 6월 민주 항쟁
③ 부·마 민주 항쟁
④ 5·18 민주화 운동

6 다음 학생이 발표하고 있는 민주화 운동과 관련된 내용으로 옳은 것은? (   )

① 장면 내각이 출범하였다.
② 제헌 국회가 구성되었다.
③ 10월 유신이 선포되었다.
④ 대통령 직선제 개헌이 이루어졌다.

7 다음 뉴스가 보도된 시기를 연표에서 옳게 고른 것은? (   )

1962	1977	1988	1996	2010
(가)	(나)	(다)	(라)	
제1차 경제 개발 5개년 계획 실시	수출 100억 달러 달성	제24회 서울 올림픽 대회 개최	경제 협력 개발 기구 (OECD) 가입	G20 서울 정상 회의 개최

① (가)   ② (나)   ③ (다)   ④ (라)

8 (가)~(라)를 일어난 순서대로 옳게 나열한 것은? (   )

통일을 위한 노력

(가)

7·4 남북 공동 성명 발표

(나)

6·15 남북 공동 선언 발표

(다)

남북 기본 합의서 채택

(라)

판문점 선언 발표

① (가) - (다) - (나) - (라)
② (나) - (가) - (다) - (라)
③ (다) - (가) - (나) - (라)
④ (라) - (나) - (가) - (다)

다음 글자판에는 한국사능력검정시험에 자주 출제되는 핵심 낱말이 숨어 있다.
공부한 내용을 떠올리며 숨은 낱말을 찾아 ○표 해 보자.

광	제	헌	국	회	위	원	회	남
이	복	정	전	협	정	남	북	6
승	여	운	형	이	승	기	대	월
만	분	김	구	만	본	술	한	민
민	이	규	성	합	의	집	민	주
주	산	식	의	유	서	약	국	항
화	가	서	한	엔	신	적	정	쟁
운	족	기	국	군	탁	헌	부	마
동	군	사	정	변	독	재	법	산

숨은 낱말

1 1948년 5월 10일 총선거를 통해 구성된 대한민국 최초의 국회이다.

2 4·19 혁명의 결과 대통령직에서 물러난 우리나라의 초대 대통령이다.

3 6·25 전쟁 등을 거치면서 많은 가족이 서로 흩어져 ○○○○이 되었다.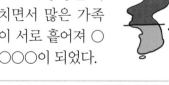

4 1972년에 제정하여 대통령에게 막강한 권력을 부여한 법이다.

5 1991년 남과 북은 서로의 체제를 인정한 ○○ ○○ ○○○를 채택하였다.

6 ○○ ○○ ○○의 결과 6·29 민주화 선언이 발표되었다.

바른답
알찬풀이

3권

조선 후기 ~ 근·현대

1 조선 사회의 새로운 움직임

영조는 여러 붕당이 조화롭게 정치하기를 바라면서 '탕평채'라는 음식을 만들도록 하였다고 전해진다. 이 음식의 각 재료가 상징하는 붕당이 어디일지 선으로 이어 보자.

여러 재료가 섞여 좋은 맛을 내는 탕평채처럼 여러 붕당이 함께 좋은 정치를 꾸려가 보세.

≫ 정리해 보자!

❶ 예송 　　　❷ 환국 　　　❸ 탕평

---

1 (1) ㉡ 　(2) ㉠

2 균역법

3 ①

---

1 효종이 죽자 효종의 어머니인 자의 대비가 상복을 입는 기간을 두고 서인과 남인 사이에 예송이 일어났어요. 서인은 효종이 둘째 아들이므로 둘째 아들에 해당하는 예법대로 자의 대비가 1년 동안 상복을 입어야 한다고 주장했고, 남인은 왕은 일반 사대부와 같지 않으므로 장자에 해당하는 예법에 따라 3년 동안 상복을 입어야 한다고 주장했어요.

2 영조는 균역법을 시행하여 백성에게 큰 부담이었던 군역의 부담을 줄여 주었어요. 균역법의 시행으로 2필을 내던 군포가 1필로 줄었어요.

3 영조는 탕평 정치를 실시하며 성균관에 탕평비를 건립하였어요. ② 영선사는 개항 이후 조선 정부가 청에 파견한 사절단이에요. ③ 집현전은 세종 때 설치되었어요. ④ 개항 이후 조선 정부는 개화 정책의 일환으로 신식 군대인 별기군을 설치하였어요.

다음은 역사 한자 카드이다. 초성 힌트를 보고, 조선 시대의 인물인 이 사람이 누구인지 ☐☐ ☐☐ 안에 써 보자.

역사 한자 카드

思	悼	世	子
생각할 ㅅ	슬퍼할 ㄷ	인간 ㅅ	아들 ㅈ

뜻

조선 시대 왕인 영조의 아들이다. 영조와의 갈등으로 세자에서 폐위되어 서인으로 강등되었고, 영조의 명으로 뒤주(곡식을 담는 나무 궤짝) 속에 갇혀 굶어 죽었다. 이후 영조가 아들의 죽음을 애도하면서 내린 시호가 '사도'이며, 정조가 다시 '장헌 세자'로 시호를 바꾸었다.

정답: [사] [도] [세] [자]

≫ 정리해 보자!

❶ 탕평 　　　❷ 규장각 　　　❸ 장용영

---

1 사도 세자

2 (1) 장용영　(2) 규장각　(3) 화성

3 ①

---

1 영조의 아들이자 정조의 아버지는 사도 세자예요. 사도 세자는 어린 나이에 세자가 되었으나 영조와 달리 소론과 가깝게 지내는 등의 이유로 아버지인 영조와 사이가 점점 멀어져 갔어요. 거듭된 갈등 끝에 영조는 사도 세자를 뒤주에 가두었고, 8일 만에 사도 세자는 세상을 떠났어요.

2 (1) 정조가 군사권을 장악하기 위해 만든 왕의 친위 부대는 장용영이에요. (2) 정조가 설치한 왕실 도서관이자 학문과 정책을 연구하는 기관은 규장각이에요. (3) 정조가 자신의 꿈과 개혁을 실현하기 위해 수원에 만든 계획도시는 화성이에요.

3 정조는 규장각을 설치하여 젊은 학자들이 학문과 정책을 연구하도록 하였어요. ② 비변사는 임진왜란 이후 정치의 중심이 된 기구예요. ③ 장용영은 정조가 왕권 강화를 위해 만든 친위 부대예요. ④ 집현전은 조선 초기에 세종이 설치한 학문 연구 기관이에요.

✎ 정조가 죽은 후 세도 정치가 전개되고 '삼정'의 문란으로 백성은 고통을 겪었다. 미로 찾기를 하면서 무엇이 '삼정'에 해당하는지 알아보자.

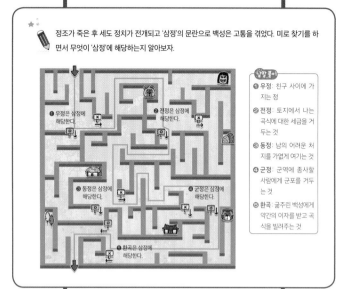

① 우정은 삼정에 해당한다.

② 전정은 삼정에 해당한다.

③ 동정은 삼정에 해당한다.

④ 군정은 삼정에 해당한다.

⑤ 환곡은 삼정에 해당한다.

낱말 풀이
- ① 우정: 친구 사이에 가지는 정
- ② 전정: 토지에서 나는 곡식에 대한 세금을 거두는 것
- ③ 동정: 남의 어려운 처지를 가엾게 여기는 것
- ④ 군정: 군역에 종사할 사람에게 군포를 거두는 것
- ⑤ 환곡: 굶주린 백성에게 약간의 이자를 받고 곡식을 빌려주는 것

≫ 정리해 보자!

① 세도   ② 매관매직   ③ 삼정

---

1 철종

2 **예시 답안** 세도 정치 시기 관리들의 부정부패가 심화되어 터무니없는 세금을 백성에게 부과하는 삼정의 문란이 일어났다.

3 ②

1 헌종이 아들 없이 죽자 안동 김씨 가문은 재빠르게 철종을 왕으로 세웠어요. 이는 강화도에서 농사를 지으며 살고 있던 강화 도령을 왕으로 만들어 자신들이 나라를 좌지우지하기 위해서였어요.

2 세도 정치 시기 권력을 독차지한 몇몇 가문은 나라를 잘 다스리는 것보다는 자신들의 권력을 유지하는 데 더 힘을 썼어요. 이에 매관매직이 성행하였지요. 관직을 돈으로 산 관리들은 백성에게 그 이상을 수탈하기 위해 규정 이상의 세금을 부과하여 백성을 괴롭혔어요.

3 환곡은 봄에 곡식이 떨어져 굶주린 백성을 돕기 위한 제도였어요. 하지만 세도 정치 시기 백성에게 강제로 곡식을 빌리게 하고 많은 이자를 붙여 되갚도록 하면서 오히려 백성의 삶을 어렵게 했어요.

≫ 도전! 한국사능력검정시험

1 ①   **2** ②   **3** ①   **4** ④

5 ①   **6** ③   **7** ③   **8** ②

1 예송과 환국 정치

자의 대비가 상복을 입는 기간을 두고 다른 주장을 하는 것을 보아 현종 때 일어난 예송임을 알 수 있어요. 예송으로 서인과 남인은 정치적으로 대립하였어요. ① 현종의 뒤를 이어 즉위한 숙종은 남인과 서인에게 번갈아가며 권력을 몰아주는 환국을 실시하여 왕권 강화를 꾀하였어요.

왜 답이 아닐까? ② 기묘사화는 중종 때 일어났어요. ③ 『경국대전』은 성종 때 완성되었어요. ④ 수양 대군은 단종을 몰아내고 권력을 장악하였어요.

2 숙종 시기의 정치

숙종은 정국을 주도하기 위해 집권 붕당을 급격하게 교체하는 환국을 일으켰어요. 이 과정에서 남인의 처리 문제를 둘러싸고 서인이 노론과 소론으로 나뉘었어요.

왜 답이 아닐까? ① 무오사화는 연산군 때 일어났어요. ③ 세조 이후 훈구 세력이 중앙 정계를 주도했어요. ④ 성종 때 사림이 중앙 관직에 진출하기 시작했어요.

3 영조의 업적

영조는 붕당 정치의 폐단을 바로잡기 위해 붕당에 상관없이 인재를 등용하는 탕평책을 폈어요. 그리고 탕평책에 대한 의지를 널리 알리기 위해 성균관에 탕평비를 세웠어요.

왜 답이 아닐까? ② 우산국을 정벌한 왕은 신라의 지증왕이에요. ③ 세도 정치는 정조가 죽은 후 전개되었어요. ④ 6조 직계제를 시행한 왕은 태종과 세조예요.

자료 더 보기 **영조의 개혁 정치**

- 탕평책을 실시하여 붕당의 대립을 약화하였습니다.
- 균역법을 실시하여 백성의 군역 부담을 줄여 주었습니다.
- 신문고를 부활시켰습니다.

▲탕평비

4 **영조의 균역법 시행**

영조가 2필씩 내던 군포를 1필로 줄여 백성의 부담을 줄여 주고자 시행한 것은 균역법이에요.

왜 답이 아닐까? ① 진대법은 고구려 고국천왕 때 시행된 빈민 구휼 제도예요. ② 영정법은 인조 때 시행된 것으로, 토지세를 토지 1결당 쌀 4 ~ 6두만 내도록 세금을 고정시킨 법이에요. ③ 대동법은 현물로 납부하던 공납을 쌀이나 베, 동전 등으로 납부하게 한 제도로, 광해군 때 처음 실시되었어요.

5 **정조의 업적**

수원에 화성을 건설하고 왕의 친위 부대인 장용영을 창설한 왕은 정조예요. 정조는 영조의 뒤를 이어 탕평책을 실시하였으며, 학문과 정책의 연구 기관인 규장각을 설치하였어요.

왜 답이 아닐까? ② 4군 6진을 개척한 왕은 세종이에요. ③ 전국을 8도로 나눈 것은 태종 때예요. ④『속대전』은 영조 때 편찬된 법전이에요.

> **자료 더 보기** **정조의 개혁 정치**
>
> - 규장각을 세웠습니다.
> - 친위 부대인 장용영을 설치하였습니다.
> - 수원에 화성을 설치하였습니다.
> - 서얼 차별 완화, 노비 처우 개선 등을 하였습니다.
>
>

6 **정조의 업적**

조선의 제22대 왕으로 아버지가 사도 세자라는 내용을 통해 밑줄 그은 '왕'이 정조임을 알 수 있어요. 정조는 규장각을 세우고 서얼 출신인 이덕무, 박제가 등의 인재를 등용하였어요.

왜 답이 아닐까? ① 홍문관을 설치한 왕은 성종이에요. ② 탕평비는 영조가 건립하였어요. ④『경국대전』은 세조 때 만들기 시작하여 성종 때 반포되었어요.

> **자료 더 보기** **장승배기**
>
>
>
> 장승배기는 현재의 서울특별시 동작구 상도동과 노량진동에 걸쳐 있는 마을입니다. 정조가 아버지 사도 세자를 참배하러 가다가 이 마을에서 쉬면서 이곳에 장승을 세우도록 하였다고 하여 '장승배기'라고 한다고 전해집니다.

7 **세도 정치의 전개**

③ 권문세족이 대토지를 소유한 시기는 고려 후기예요. 원의 세력에 빌붙어 권력을 장악한 권문세족은 불법적으로 대토지를 소유하고 노비를 거느렸어요.

왜 답이 아닐까? ① 세도 정치기 정치가 문란해지면서 매관매직이 성행하였어요. ② 세도 정치기 안동 김씨, 풍양 조씨 등 몇몇 가문이 왕실의 외척으로 권력을 독점하였어요. ④ 세도 정치기 관리들은 전정, 군정, 환곡의 삼정을 이용해 백성을 수탈하였어요.

8 **환곡의 문란**

환곡은 원래 곡식이 부족한 봄에 백성에게 곡식을 빌려주고 가을에 이자를 더해 받는 제도였어요. 그러나 세도 정치기에 들어오면서 백성을 수탈하는 제도로 이용되었어요.

왜 답이 아닐까? ① 공납은 특산물로 내는 세금을 말해요. ③ 책화는 동예의 풍습으로, 읍락의 경계를 침범하면 노비나 가축 등으로 변상하였어요. ④ 군정은 군대에 가는 대신에 내는 세금이에요.

> **자료 더 보기** **삼정의 문란**
>
> | 전정의 문란 | 토지에 부과된 정해진 세금 외에 다양한 명목으로 세금을 거두었습니다. |
> |---|---|
> | 군정의 문란 | 정해진 군포보다 많이 거두거나 어린아이나 죽은 자의 몫까지 내도록 강요했습니다. |
> | 환곡의 문란 | 곡식을 강제로 빌려주고 높은 이자를 붙여 갚도록 하였습니다. |

》키워드 낱말 퍼즐

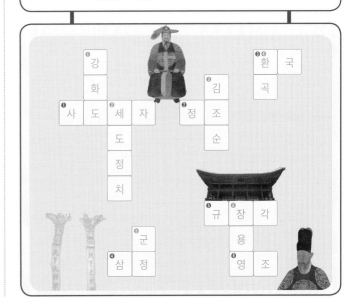

1주 5일

다음은 조선 후기 시장의 모습이다. 숨은 그림 을 찾아 동그라미 해 보자.

》정리해 보자!

❶ 모내기법　　　❷ 상품　　　❸ 상평통보

---

1 모내기법

2 (1) ㉡　(2) ㉢　(3) ㉠

3 ④

---

1 모내기법은 볍씨를 모판에서 미리 키운 후 어느 정도 자란 모를 논에 옮겨 심는 농사 방법이에요. 봄에 가뭄이 오면 한해 농사를 망칠 수 있어 나라에서는 금지하는 방법이었어요. 그러나 모내기법을 이용하여 모를 심으면 논의 잡초를 뽑는 데 드는 노동력을 줄일 수 있었고, 생산력도 증가하여 조선 후기 모내기법이 크게 유행하였어요.

2 조선 후기 상품 작물의 재배와 상행위의 자유화로 다양한 상인들이 등장하였어요. 상인들은 주로 다른 나라와 가까운 지역이나 큰 강 주변 도시에서 활동하였어요. 의주 지역은 만상, 개성 지역은 송상, 평양 지역은 유상, 동래 지역은 내상, 한강 주변은 경강상인이 활동하였지요.

3 조선 후기에는 상업이 크게 발전하여 화폐인 상평통보가 전국적으로 유통되었으며 장시를 돌며 물건을 파는 보부상이 등장하였어요. 또, 조선 후기에는 적은 노동력으로 농업 생산량을 늘린 모내기법이 전국적으로 보급되기도 하였어요.

2주 1일

다음은 조선 시대의 인물을 나타낸 카드이다. 초성 힌트를 보고, 카드의 주인공이 누구인지 　　　　안에 써 보자.

》정리해 보자!

❶ 공명첩　　　❷ 김만덕　　　❸ 규합총서

---

1 공명첩

2 (1) 신사임당　(2) 김만덕

3 ①

---

1 조선 후기에 나라에서는 전쟁 이후 어려워진 국가 재정을 마련하기 위해 공명첩을 발행하였어요. 공명첩은 이름 쓰는 공간이 비어 있는 관직 임명장이에요. 주로 부유한 농민들이 곡식 등으로 공명첩을 사서 양반이 되었지요.

2 (1) 조선 시대의 문인이자 화가, 작가, 시인으로, 우리나라 5만 원권 지폐에 그려진 인물은 신사임당이에요. (2) 조선 시대의 상인으로, 제주도에 기근이 닥치자 전 재산으로 사온 쌀을 기부하여 제주 백성을 도운 인물은 김만덕이에요.

3 조선 후기의 상인 김만덕은 제주에 큰 흉년이 들자 자신의 재산을 털어 쌀을 사서 굶주린 제주 백성에게 나누어 주었어요. 많은 백성을 살린 공으로 당시 왕이었던 정조는 그녀를 칭찬하였고 만덕전을 짓기도 하였어요.

다음은 조선 후기에 새롭게 등장한 종교를 다룬 가상 신문 기사이다. 초성 힌트를 보고, ☐ 안에 들어갈 알맞은 종교는 무엇인지 써 보자.

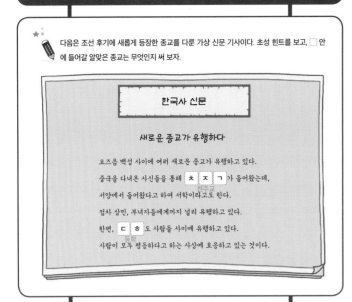

한국사 신문

새로운 종교가 유행하다

요즈음 백성 사이에 여러 새로운 종교가 유행하고 있다.

중국을 다녀온 사신들을 통해 ㅊ ㅈ ㄱ 가 들어왔는데,
천주교
서양에서 들어왔다고 하여 서학이라고도 한다.

접차 상민, 부녀자들에게까지 널리 유행하고 있다.

한편, ㄷ ㅎ 도 사람들 사이에 유행하고 있다.
동학
사람이 모두 평등하다고 하는 사상에 호응하고 있는 것이다.

》정리해 보자!

❶ 미륵   ❷ 서학   ❸ 동학

----

1 (1) 천주교   (2) 동학

2 인내천

3 ①

1 (1) 17세기 중국을 다녀온 사신을 통해 처음에는 서학으로 소개된 종교는 천주교예요. (2) 유교, 불교, 도교, 민간 신앙의 장점에다가 모든 사람은 평등하다는 사상을 더해 만든 종교는 동학이에요.

2 동학에서는 '사람이 곧 하늘'이라는 인내천 사상을 주장하였어요. 최제우는 유교, 불교, 도교와 민간 신앙을 융합하여 동학을 창시하였어요. 서학에 대항한다는 의미를 담아 새로운 종교를 동학이라고 이름 지었어요.

3 경주 출신 몰락 양반인 최제우는 용담정에서 깨달음을 얻고 동학을 창시하였어요. 신분이나 나이, 성별을 가리지 않고 모든 사람은 똑같은 존재라고 하였지요. 그는 사람을 하늘처럼 섬기는 인내천 사상을 강조하였어요. 한편 동학에서는 곧 새로운 세상이 열릴 것이라는 후천 개벽 사상도 주장하였어요.

다음은 조선 후기에 봉기를 주도한 어떤 사람이 아들에게 쓴 편지이다. 초성 힌트를 보고, ☐☐☐ 안에 들어갈 사람을 써 보자.

사랑하는 나의 아들에게

이 애비는 지금 정주성에 있단다.
아버지가 돼서 아직 어린 너를 지켜 주지 못하고
바깥에 나와 있으니 마음이 아프구나.
그러나 예전부터 계속된 서북 지방에 대한 차별,
삼정의 문란에 따른 과도한 세금 때문에
더는 버틸 수 없어 농민 봉기를 주도하였단다.
이 아버지를 이해해 주렴.
밥 굶지 말고, 건강하길 바란다.

1812년, 너의 아버지 ㅎ ㄱ ㄹ 가

정답: 홍 경 래

》정리해 보자!

❶ 홍경래   ❷ 진주   ❸ 임술

----

1 홍경래

2 우진

3 ③

1 지도에 표시된 (가) 지역은 홍경래의 난이 일어난 지역이에요. 홍경래는 1811년에 뜻을 같이한 사람들과 봉기를 일으켰어요. 여기에는 가난한 농민, 상인, 광산 노동자들도 참여하였지요.

2 1862년(임술년)에는 경상도 진주에서 일어난 농민 봉기를 시작으로 농민 봉기가 전국적으로 확산되었어요. 진주에서는 한때 농민들이 진주성을 점령하기도 하였는데, 이들은 삼정의 문란을 해결할 것을 요구하였지요. 이에 정부는 삼정이정청을 설치하여 개혁을 시도하였으나 큰 효과를 보지 못하였어요.

3 홍경래의 격문을 통해 홍경래의 난이 일어나던 시기임을 알 수 있어요. ③ 홍경래의 난은 조선 후기 세도 정치가 전개되던 시기에 일어났어요. ① 천태종은 고려 시대 의천이 창시하였어요. ② 고려 무신 집권기 최충헌이 교정도감을 설치하였어요. ④ 신라 말 진성여왕 때 원종과 애노의 난이 일어났어요.

1 조선 후기의 경제 상황

③ 벽란도에서 송과의 무역이 이루어졌던 시기는 고려 시대예요.

왜 답이 아닐까? ① 조선 후기에 상평통보가 널리 유통되었어요. ② 조선 후기 상업이 발달하면서 장시가 전국 곳곳에 생겨났고, 보부상이 곳곳의 장시를 돌면서 활동하였어요. ④ 조선 후기에는 송상, 내상, 경강상인 등의 상인들이 활발하게 활동하였어요.

2 공명첩

이름을 적지 않은 백지 관직 임명장은 공명첩이에요. 전쟁 이후 나라의 살림살이가 어려워지자 나라에서는 백성에게 돈이나 곡식을 받고 공명첩을 발급해 주었어요.

왜 답이 아닐까? ① 호패는 조선 시대에 신분을 증명하기 위해 일정 나이 이상의 남자가 가지고 다녔던 패를 말해요. ② 호적은 호주를 중심으로 하여 그 집에 속하는 사람의 신분에 관한 사항을 기록한 문서예요. ③ 마패는 벼슬아치가 공무로 지방에 나갈 때 역마를 징발하는 증표로 쓰던 것을 말해요.

자료 더 보기 공명첩

- 임진왜란과 병자호란을 겪으며 나라의 살림이 어려워지자 나라에서는 부유한 백성에게 공명첩을 팔았습니다.
- 공명첩을 산 사람들이 늘어남에 따라 양반의 수가 크게 늘어났고, 이에 양반의 권위가 떨어졌습니다.

▲ 공명첩

3 신사임당

어린 시절부터 글과 그림에 재능이 있었으며 풀, 벌레, 꽃 등을 소재로 하는 그림을 남긴 인물은 신사임당이에요. 신사임당은 율곡 이이의 어머니예요.

왜 답이 아닐까? ① 김만덕은 조선 시대 제주도에서 활약한 상인이에요. ② 유관순은 3·1 운동에 참가한 독립운동가예요.

④ 허난설헌은 조선 시대의 대표적인 여성 시인으로, 허균의 누나예요.

4 김만덕

제주도에 흉년이 들었을 때 제주도민을 구제하기 위해 쌀을 기부한 인물은 김만덕이에요. 김만덕은 제주의 특산물을 팔아 큰돈을 벌었어요. 그러던 중 제주도에 큰 흉년이 들자 자신의 재산으로 육지에서 쌀을 사와 제주 백성에게 기부하였어요.

왜 답이 아닐까? ① 논개는 임진왜란 때 진주성에서 일본 장수를 끌어안고 물에 뛰어들었던 인물이에요. ③ 신사임당은 조선 시대의 화가로, 「초충도」 등 여러 작품을 남겼어요. 율곡 이이의 어머니이기도 해요. ④ 허난설헌은 조선 후기의 여성 시인으로, 그의 작품이 중국과 일본에도 전해져 높은 평가를 받았어요.

5 동학

최제우가 창시한 종교는 동학이에요. 동학은 최제우가 서학에 반대하여 창시한 종교로, 사람을 하늘처럼 섬기라는 인내천 사상을 강조하였어요.

왜 답이 아닐까? ② 대종교는 나철이 창시한 종교로, 단군을 섬겼어요. ③ 원불교는 일제 강점기 박중빈이 창시한 종교예요. ④ 천주교는 조선 후기에 서학이라는 학문으로 조선에 처음 소개되었다가 종교로 수용되었어요.

자료 더 보기 동학

- 배경: 백성의 삶이 어려워지고, 서학이 확산되었습니다.
- 창시: 최제우가 서학에 대항한다는 의미로 동학을 창시하였습니다.
- 핵심 사상: 인내천 사상, 후천 개벽 사상 등을 내세웠습니다.

▲ 최제우

6 홍경래의 난

④ 홍경래의 난은 서북 지역민에 대한 차별과 세도 정치 시기 백성에 대한 수탈 심화에 반발하여 일어났어요.

왜 답이 아닐까? ① 홍경래의 난은 조선 후기에 발생하였어요. ② 홍경래의 난은 관군에 의해 진압되었어요. 청의 군대에 의해 진압된 사건으로는 임오군란과 갑신정변 등이 있어요. ③ 고려 시대 묘청을 비롯한 서경 세력은 서경 천도와 금국 정벌을 주장하였어요.

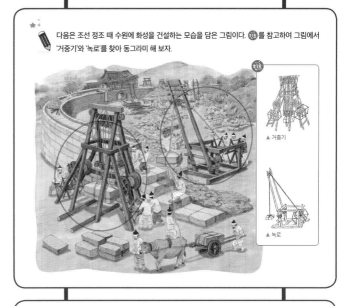

다음은 조선 정조 때 수원에 화성을 건설하는 모습을 담은 그림이다. 図記를 참고하여 그림에서 '거중기'와 '녹로'를 찾아 동그라미 해 보자.

▲ 거중기
▲ 녹로

자료 더 보기 — 조선 후기 농민 봉기의 발생

홍경래의 난	세도 정치에 따른 사회 혼란, 평안도 지역 차별 → 홍경래 주도로 농민 봉기 발발 → 이후 농민 봉기에 큰 영향
임술 농민 봉기	세금 제도의 부당함 심화와 탐관오리의 횡포 → 진주 관아 습격, 농민 봉기 발생 → 전국으로 농민 봉기 확산

7 임술 농민 봉기

조선 후기 유계춘이 중심이 되어 진주에서 일으킨 봉기가 전국으로 확산된 사건은 임술 농민 봉기예요. 조선 후기 삼정의 문란과 지배층의 수탈로 봉기가 일어났어요.

왜 답이 아닐까? ① 만적의 난은 고려 시대에 개경에서 사노비 만적이 일으키려고 했던 신분 해방 운동 성격의 난이에요. ② 이자겸의 난은 고려 시대 왕의 외척으로 권력을 독점하였던 이자겸이 왕이 되기 위해 일으킨 난이에요. ④ 망이·망소이의 난은 고려 시대 무신 집권기 공주 명학소에서 일어난 난이에요.

》 정리해 보자!

❶ 화성 　　　 ❷ 정약용 　　　 ❸ 화성 행궁

---

1 거중기

2 (1) ㉡ 　 (2) ㉠ 　 (3) ㉢

3 ②

1 도르래의 원리를 이용하여 작은 힘으로 무거운 물건을 들어 올리는 기계는 거중기예요. 정약용은 무거운 돌을 들어 올리기 위해 거중기를 만들어 수원 화성 건설에 이용하였어요.

2 (1) 서장대는 장수가 군사를 지휘하는 곳으로, 화성 안팎이 모두 한눈에 들어오는 곳이에요. (2) 장안문은 화성의 북쪽 문이에요. (3) 방화수류정은 주변을 감시하는 곳으로, 정자 역할도 하고 있어요.

3 정조 때 만들었으며 서북공심돈이 있는 것을 통해 밑줄 그은 '이 성'이 수원 화성임을 알 수 있어요. 정조는 개혁 정책을 추진할 신도시로 수원 화성을 건설하였어요. ① 해미 읍성은 충남 서산에 위치한 읍성으로, 조선 전기에 축조되었어요. ③ 공산성은 백제의 두 번째 수도인 웅진을 방어하기 위해 쌓은 산성이에요. ④ 진주성은 임진왜란 때 김시민이 지휘한 진주 대첩이 일어난 성이에요.

》 키워드 숨은 낱말 찾기

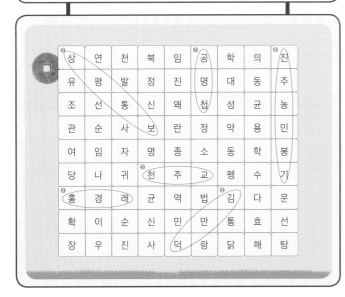

상	연	천	북	임	공	학	의	진
유	평	발	정	진	명	대	동	주
조	선	통	신	왜	첩	성	균	농
관	순	사	보	란	정	약	용	민
여	임	자	명	종	소	동	학	봉
당	나	귀	천	주	교	펭	수	기
홍	경	래	균	역	법	김	다	운
확	이	순	신	민	만	통	효	선
장	우	진	사	덕	랑	닭	해	탕

다음은 조선 시대에 제작된 지도의 전시회이다. 두 사람이 어떤 지도에 관해 이야기하는 것인 지 ✔표 해 보자.

》**정리해 보자!**

❶ 실학　　　　❷ 농업　　　　❸ 대동여지도

----

1 (1) 유형원　(2) 박제가

2 대동여지도

3 ③

1 (1) 농사짓는 백성이 땅의 주인이 되어야 하고, 신분에 따라 땅을 나누어 주어야 한다고 주장한 실학자는 유형원이에요. (2) 나라의 빈곤을 해결하려면 상업을 발전시켜야 하며, 적절한 소비는 꼭 필요하다고 주장한 실학자는 박제가예요.

2 김정호가 조선 후기에 만든 지도는 「대동여지도」예요. 김정호는 우리나라의 발전을 위해 무엇보다 정확한 지도가 필요하다고 생각하여 실제 사람들이 쓸 수 있는 실용적인 지도를 만들고자 하였어요. 김정호는 기존의 여러 지도를 종합하여 「대동여지도」를 제작하였는데, 목판으로 만들어 여러 장을 찍어 낼 수 있도록 하였어요.

3 청에 다녀왔으며 청에서 기록했던 내용을 『열하일기』로 펴낸다는 내용을 통해 밑줄 그은 '나'가 박지원임을 알 수 있어요. 박지원은 수레와 선박을 적극적으로 활용하여 물자를 잘 교류할 수 있도록 하고, 화폐를 더 사용하자고 주장하였어요.

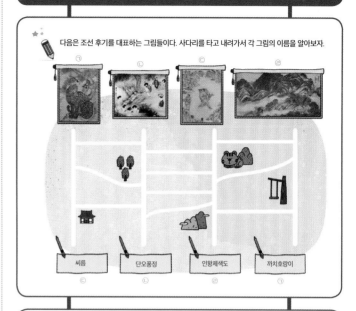

다음은 조선 후기를 대표하는 그림들이다. 사다리를 타고 내려가서 각 그림의 이름을 알아보자.

씨름　　단오풍정　　인왕제색도　　까치호랑이

》**정리해 보자!**

❶ 한글 소설　　　　❷ 판소리　　　　❸ 풍속화

----

1 (1) ㉠　(2) ㉡

2 ㉡

3 ④

1 (1) 『춘향전』은 춘향과 이몽룡의 신분을 초월한 사랑 이야기를 통해 신분 차별을 비판하고 있어요. (2) 『홍길동전』은 서얼에 대한 차별과 이상 사회 건설에 관한 내용을 담고 있어요.

2 조선 후기에는 당시 서민들의 생활 모습을 생동감 있게 그린 풍속화가 유행하였어요. 대표적인 화가로 김홍도와 신윤복이 있어요. 김홍도는 서민의 모습을 소박하고 익살스럽게 그렸고, 신윤복은 주로 양반과 부녀자의 생활을 많이 그렸어요. 제시된 그림은 신윤복이 그린 「단오풍정」이에요. ㉠「서당」은 김홍도가 그린 풍속화이고, ㉡「인왕제색도」는 정선이 그린 진경산수화예요.

3 김홍도는 조선 후기에 활동한 화가로, 풍속화로 잘 알려진 인물이에요. 김홍도는 서민의 모습을 소재로 하여 많은 그림을 그렸어요. ④ 조선 후기에는 『춘향전』, 『홍길동전』과 같은 한글 소설이 등장하여 많은 사람들에게 널리 읽혔어요.

》도전! 한국사능력검정시험

1 ③	**2** ②	**3** ②	**4** ②
5 ②	**6** ③	**7** ④	

1 정약용의 업적

수원 화성의 설계를 맡고 거중기를 제작한 인물은 정약용이에요.

왜 답이 아닐까? ① 박제가는 『북학의』를 저술하였으며, 적당한 소비의 중요성을 주장하였어요. ② 박지원은 『열하일기』를 저술한 실학자로, 수레와 선박의 이용을 주장하였어요. ④ 유형원은 농업 중심의 개혁론을 주장한 실학자로, 『반계수록』을 저술하였어요.

자료 더 보기 **농업을 중시한 실학자**

유형원	신분에 따라 차등을 두어 토지를 나누어 주자고 주장
이익	생활 유지에 꼭 필요한 최소한의 토지를 나누어 주자고 주장
정약용	공동으로 농사를 짓고, 일한만큼 나누어 갖자고 주장

2 박지원의 업적

조선 후기의 실학자로, 『열하일기』를 저술하고 수레와 선박 이용 확대를 주장한 인물은 박지원이에요.

왜 답이 아닐까? ① 박제가는 적절한 소비의 중요성을 주장하였어요. ③ 유형원은 신분에 따라 땅을 나누어 줄 것을 주장하였어요. ④ 정약용은 공동으로 농사를 지어 나누어 가질 것을 주장하였어요.

자료 더 보기 **상공업을 중시한 실학자**

홍대용	청에 다녀온 뒤 천문과 역법 연구, 중국 중심의 세계관 비판
박지원	수레와 선박 이용을 주장, 『열하일기』 저술
박제가	소비의 중요성을 강조, 『북학의』 저술

3 수원 화성

정조 때 만들어졌으며 정문이 장안문인 성은 수원 화성이에요. 정조는 자신의 개혁 정치를 펼칠 신도시로 수원 화성을 만들었어요.

왜 답이 아닐까? ① 낙안 읍성은 현재 순천시에 있는 조선 전기의 읍성이에요. ③ 부소산성은 백제의 세 번째 수도인 사비를 방어하기 위해 축조한 성이에요. ④ 진주성은 임진왜란 때 진주 대첩이 일어났던 성이에요.

4 박제가의 업적

『북학의』를 저술하고, 우물에 비유하여 적당한 소비를 권장한 인물은 박제가예요.

왜 답이 아닐까? ① 이익은 농업 중심의 개혁론을 주장한 실학자로, 『성호사설』을 저술하였어요. ③ 박지원은 상공업 중심의 개혁론을 주장한 실학자로, 청에 다녀온 경험을 기록한 『열하일기』를 저술하였어요. ④ 유형원은 농업 중심의 개혁론을 주장한 실학자로, 『반계수록』을 저술하였어요.

5 「대동여지도」

조선 후기 김정호가 만든 지도로, 목판으로 제작되었으며 22첩으로 나누어 만들어진 지도는 「대동여지도」예요.

왜 답이 아닐까? ① 「동국지도」는 조선 후기 정상기가 만든 지도로, 최초로 축척을 사용하였어요. ③ 「곤여만국전도」는 서양 선교사 마테오 리치가 만든 세계 지도로, 조선 후기에 전해졌어요. ④ 「혼일강리역대국도지도」는 조선 태종 때 만들어진 세계 지도예요.

자료 더 보기 **「대동여지도」**

- 김정호가 우리나라 곳곳을 답사한 뒤 만든 우리나라 지도입니다.
- 22첩으로 분리한 후 병풍처럼 접어 책처럼 가지고 다닐 수 있도록 만들어졌습니다.
- 기호를 이용해 중요 지형이나 도시를 표시하였습니다.

6 조선 후기의 서민 문화

조선 후기에 발달한 서민 문화에 대해 묻는 문제예요. ③ 상감 청자는 고려의 독창적인 기법으로 만든 청자로, 그릇 표면에 무늬를 파고 색이 다른 흙을 채워 넣어 만들었어요.

왜 답이 아닐까? ① 조선 후기에는 판소리 공연이 많이 열렸어요. ② 조선 후기에는 한글 사용이 늘어나면서 『홍길동전』 등 한글 소설이 널리 읽혔어요. ④ 조선 후기 사람들이 많이 모인 곳에서 돈을 받고 실감나게 소설을 읽어 주는 전기수가 등장하였어요.

7 김홍도의 풍속화

김홍도의 그림을 찾는 문제예요. 김홍도는 조선 후기 서민들의 모습을 그림으로 많이 남겼어요. ④「씨름」은 김홍도의 작품으로, 씨름하는 모습을 실감나게 표현하였어요.

왜 답이 아닐까? ①「노상알현도」는 김득신의 그림으로, 길에서 만난 양반과 상민의 모습을 그렸어요. ②「고사관수도」는 조선 전기 강희안의 작품이에요. ③「단오풍정」은 신윤복의 그림으로, 단옷날 머리 감는 여인들과 그것을 훔쳐보는 아이들의 모습을 재미있게 표현하였어요.

자료 더 보기　김홍도의 풍속화

▲「씨름」　　▲「서당」　　▲「논갈이」

조선 후기에는 당시 서민들의 생활 모습을 생동감 있게 그린 풍속화가 유행하였는데 김홍도가 대표적인 화가입니다. 김홍도는 서민의 모습을 살아 움직이는 것처럼 생생하고 익살스럽게 표현하였습니다.

》 키워드 낱말 퍼즐

다음은 흥선 대원군이 왕실의 권위를 높이기 위하여 다시 지은 궁궐을 주제로 한 민요이다. 초성 힌트를 보고, □□□에 들어갈 말을 써 보자.

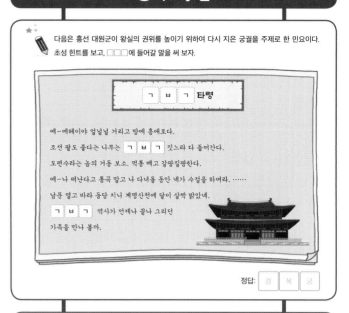

| ㄱ | ㅂ | ㄱ | 타령 |

에-에헤이야 얼널널 거리고 방에 흥애로다.
조선 팔도 좋다는 나무는　ㄱ　ㅂ　ㄱ　짓느라 다 들어간다.
토편수라는 놈의 거동 보소. 먹통 메고 갈팡질팡한다.
에-나 떠난다고 통곡 말고 나 다녀올 동안 네가 수절을 하여라. ……
남문 열고 바라 둥당 치니 계명산천에 달이 살짝 밝았네.
ㄱ　ㅂ　ㄱ　역사가 언제나 끝나 그리던
가족을 만나 볼까.

정답:　경　복　궁

》 정리해 보자!

❶ 흥선 대원군　　❷ 호포제　　❸ 당백전

---

1 ㉠, ㉣

2 은찬

3 ①

1 흥선 대원군은 백성의 생활 안정과 국가 재정 확충을 위해 ㉠ 전국에 있던 600여 개의 서원 중 47개만을 남기고 모두 정리하였어요. 또한, 왕권을 강화하기 위해 세도 가문을 뒷받침하는 권력의 핵심 기구였던 ㉣ 비변사를 폐지하였지요.

2 흥선 대원군은 왕실의 권위를 높이고자 임진왜란 때 불타 버린 경복궁을 다시 지었어요. 그러나 경복궁을 짓는 공사에 농사로 바쁜 백성을 강제로 동원하고, 공사비를 마련하기 위해 강제로 기부금을 거두고 고액 화폐인 당백전을 발행하면서 백성의 불만이 높아졌지요.

3 경복궁은 조선 시대의 궁궐로, 태조 4년(1395)에 완성되어 임진왜란 때 불타 버렸으나 고종 4년(1867)에 흥선 대원군의 주도로 다시 세워졌어요. 흥선 대원군은 경복궁 중건을 통해 왕실의 권위를 높이고자 하였어요. 그러나 재정이 부족한 상황에서 공사를 무리하게 추진하면서 양반과 백성의 불만을 샀지요.

다음 그림은 신미양요 때 있었던 광성보 전투의 모습을 표현한 것이다. 힌트에서 설명하는 물건을 찾아 동그라미 해 보자.

힌트
① 신미양요 때 강화도를 수비하던 어재연이 사용한 수자기이다.
② 수자기에는 '장수 수(帥)' 자가 새겨져 있다.

》정리해 보자!

❶ 병인양요   ❷ 신미양요   ❸ 강화도

1 ㉡
2 (다) → (나) → (가) → (라)
3 ②

다음은 조선의 개화파를 대표하는 두 인물의 의견이다. 힌트를 보고, 해당하는 인물의 이름을 □□□ 안에 써 보자.

힌트
① 김옥균은 급진 개화파의 대표 인물로, 청으로부터 독립해 사회 전반을 개혁해야 한다고 주장했다.
② 김홍집은 온건 개화파의 대표 인물로, 조선의 법과 제도를 바탕으로 차근차근 개화해야 한다고 주장했다.

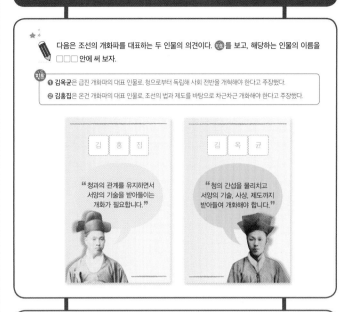

》정리해 보자!

❶ 통리기무아문   ❷ 임오군란   ❸ 갑신정변

1 채은
2 ㉠: 온건, ㉡: 급진
3 ①

---

1 신미양요 때 어재연이 이끄는 조선군은 미군에 맞서 강화도의 광성보에서 끝까지 항전하였으나 패하고 말았어요. 그럼에도 불구하고 흥선 대원군이 통상을 거부하자 결국 미군은 스스로 물러갔어요.

2 (다) 1866년에 프랑스가 병인박해를 구실로 조선을 침략한 병인양요가 일어났고, (나) 1871년에 미국이 제너럴셔먼호 사건을 구실로 조선을 침략한 신미양요가 일어났어요. 이후 흥선 대원군은 전국 각지에 (가) 척화비를 건립해 통상 수교 거부 정책에 대한 의지를 확고히 하였지요. 그러나 (라) 1876년, 준비가 부족한 상태에서 일본과 강화도 조약을 맺고 개항을 하게 되었답니다.

3 운요호 사건은 1875년 일본의 군함 운요호가 강화도 해안을 불법으로 침입하며 발생하였어요. 이후 일본은 운요호 사건을 빌미로 조선을 무력으로 위협하며 개항을 요구하였고, 그 결과 1876년에 강화도 조약이 체결되었어요.

1 개항 이후 백성의 생활이 힘들어진 와중에 구식 군인들은 새로 만들어진 별기군에 비해 열악한 대우를 받았어요. 이러한 상황에서 13개월 만에 월급으로 받은 쌀에 겨와 모래가 섞여 나오자, 분노한 구식 군인들은 임오군란을 일으켰어요. 그러나 청의 군대가 개입하면서 임오군란은 막을 내렸고, 이를 계기로 청이 조선의 정치에 깊이 간섭하기 시작하였어요.

2 임오군란 이후 청의 간섭이 심해지자 청에 대한 태도와 개화 정책의 방향을 놓고 개화파 안에 입장 차이가 커졌어요. 이에 개화파는 김홍집, 김윤식 등의 온건 개화파와 김옥균, 박영효 등의 급진 개화파로 나뉘었어요.

3 홍영식은 우정총국의 책임자로 우정총국의 개국 축하 잔치가 있던 날 김옥균, 서광범, 박영효, 서재필 등과 함께 갑신정변을 일으켰어요.

다음은 고부 지역에서 농민들이 봉기를 준비하며 작성한 사발통문이다. 동그란 원을 중심으로 돌려 적은 참가자들의 이름 중 '전봉준(全琫準)'을 찾아 동그라미 해 보자.

》 정리해 보자!

❶ 전봉준   ❷ 일본   ❸ 우금치

1 (다) → (나) → (라) → (가)

2 사발통문

3 ④

1 (다) 고부 군수 조병갑이 횡포를 부리자 전봉준은 자신과 뜻을 같이하는 농민과 고부 농민 봉기를 일으켰어요. (나) 이후 동학 농민군의 세력이 확대되자 정부는 청에 도움을 요청했어요. 청과 일본이 조선에 군대를 파견하자 동학 농민군은 전주에서 정부와 화약을 맺고 해산했지요. 이후 일본이 경복궁을 점령하고 청일 전쟁을 벌이자 동학 농민군은 다시 봉기하였어요. (라) 동학 농민군은 공주 우금치에서 일본군 및 관군과 치열한 전투를 벌였지만 패하고 말았지요. (가) 이후 지도자였던 전봉준이 잡혀가며 동학 농민 운동은 막을 내렸어요.

2 고부 농민 봉기를 일으키기 전, 전봉준을 비롯한 동학의 지도자들은 사발통문을 돌려 적으며 결의를 다졌어요.

3 동학 농민군의 지도자였던 전봉준은 몸이 왜소하여 '녹두 장군'이라고도 불렸어요. 동학 농민 운동은 전봉준을 비롯한 지도자들이 체포되거나 처형되며 막을 내렸어요.

다음은 갑오개혁 당시 조선 사회의 모습을 가상 뉴스로 꾸민 것이다. 초성 힌트를 보고, □□□ 안에 들어갈 말을 써 보자.

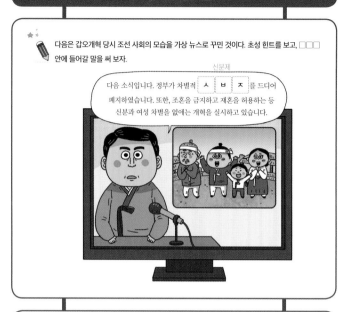

》 정리해 보자!

❶ 군국기무처   ❷ 을미사변   ❸ 단발령

1 갑오개혁

2 예시 답안 머리카락도 부모로부터 받은 신체인데, 이를 훼손하는 것은 효에 어긋납니다. / 상투를 트는 우리나라의 전통을 지켜야 합니다.

3 ②

1 제시된 자료에 나타난 도량형 통일, 과거제 폐지, 세금을 화폐로 징수, 신분제 폐지 등은 갑오개혁의 주요 내용이에요.

2 을미개혁이 추진되며 성인 남자의 상투를 자르고 서양식 머리를 하라는 단발령이 내려졌어요. 하지만 당시 사람들은 머리카락은 신체의 일부이고, 신체는 부모에게 물려받은 것이라 함부로 자를 수 없다고 생각하였어요. 이에 따라 단발령에 반발한 유생을 중심으로 전국적으로 의병이 일어났어요.

3 제시된 자료에서 설명하는 개혁은 1894년 김홍집 내각이 군국기무처를 중심으로 실시한 갑오개혁이에요. 갑오개혁은 근대 국가로 나아가기 위해 추진한 개혁으로 정치, 경제, 사회 전반에 큰 변화를 가져왔어요. ② 별기군은 신식 군인을 양성하기 위해 창설된 신식 군대로, 갑오개혁이 추진되기 전에 창설되었어요.

다음은 '황제지보'라고 하는 대한 제국의 국새(나라를 대표하는 도장)이다. 황제지보의 아랫면을 보고, 황제지보가 찍힌 모습으로 알맞은 것을 골라 ✓표 해 보자.

황제지보(皇帝之寶)

》정리해 보자!

❶ 아관 파천   ❷ 독립신문   ❸ 대한 제국

1 (1) ○   (2) ×   (3) ○

2 ㉢

3 ②

1 갑신정변으로 미국에 망명한 서재필은 정부의 요청으로 국내로 들어와 『독립신문』을 창간하였어요. 그 후 독립문을 건설한다는 명목으로 개화파 관료들과 함께 독립 협회를 설립하였어요. 독립 협회는 자주독립 의식을 확산시키고자 영은문이 있던 자리 부근에 독립문을 세우고, 만민 공동회를 열어 누구나 사회 문제에 관한 생각을 말할 수 있도록 하였어요.

2 고종은 을미사변 이후 러시아 공사관에 머문 지 1년 만에 경운궁(덕수궁)으로 환궁하였어요. 1897년 고종은 환구단에서 황제 즉위식을 올리고, 대한 제국 수립을 선포하였어요. 고종 황제는 대한 제국 수립을 선포함으로써 우리나라가 근대적인 자주독립 국가임을 세계에 알렸어요.

3 자주독립의 의지를 드높이고자 청의 사신을 맞이하던 영은문을 허물고 그 부근에 독립문을 세운 단체는 독립 협회예요. 독립 협회는 서재필이 개화파 관료들과 함께 세웠어요.

다음은 개항 이후 국내에 들어온 근대 문물을 부르던 말이다. 사다리를 타고 내려가서 각 용어가 어떤 것을 이르는 말인지 알아보자.

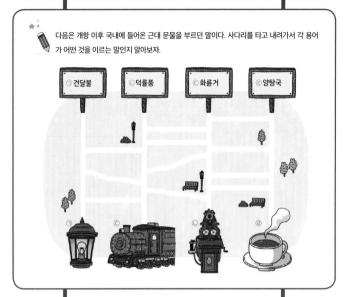

㉠ 건달불   ㉡ 덕률풍   ㉢ 화륜거   ㉣ 양탕국

》정리해 보자!

❶ 경복궁   ❷ 전화   ❸ 원산 학사

1 ㉠, ㉡

2 (1) 전차   (2) 서양식   (3) 이화 학당

3 ①

1 1876년 개항 이후 우리나라에 도입된 근대 문물로 일상생활에 많은 변화가 생겨났어요. ㉠ 전기의 도입으로 근대 교통수단이었던 전차가 운행되었어요. ㉡ 또한, 미국의 선교사 아펜젤러에 의해 우리나라 최초로 외국인이 세운 근대식 사립 학교인 배재 학당이 설립되었어요. ㉢ 거중기는 조선 시대 정조가 수원 화성을 건설할 때 무거운 물건을 들어 올리던 기계예요.

2 (1) 전기로 움직인 근대 교통수단은 전차였어요. (2) 덕수궁에 있는 석조전과 정관헌 등은 대한 제국 시기의 대표적인 서양식 건축물이에요. (3) 미국의 선교사 스크랜튼 부인에 의해 설립된 우리나라 최초의 여성 교육 기관은 이화 학당이에요.

3 갑신정변 당시 큰 부상을 입은 민영익을 미국인 알렌이 치료해 주었어요. 이를 계기로 알렌이 건의하여 우리나라 최초의 서양식 병원인 광혜원이 세워졌어요. 광혜원은 이후 명칭이 제중원으로 바뀌었어요.

1 흥선 대원군의 업적

조선 후기 세도 정치에 따른 폐해로, 사회가 혼란스러울 무렵, 고종이 어린 나이에 왕이 되자 아버지인 흥선 대원군이 정치적 실권을 장악했어요. 흥선 대원군은 세도 정치의 잘못된 점을 고치고 왕권을 강화하기 위한 정책을 펼쳤어요. 하지만 왕실의 권위를 높이기 위해 경복궁을 다시 짓는 과정에서 무리하게 백성을 동원하고 비용을 마련해 백성의 불만이 높아졌어요.

왜 답이 아닐까? ① 균역법을 시행한 왕은 영조예요. ② 장용영을 설치한 왕은 정조예요. ③ 집현전을 설립한 왕은 세종이에요.

2 신미양요

제너럴셔먼호 사건을 구실로 미군이 강화도를 침략한 사건은 신미양요예요. 제시된 사진 자료는 신미양요 당시 미군에게 빼앗겼던 어재연 장군의 수자기랍니다. 당시 어재연이 이끄는 조선군은 광성보에서 미군에 끝까지 맞서 싸웠고, 그 결과 미군은 스스로 물러갔어요. 하지만 이 싸움으로 광성보가 함락되었고 어재연 장군을 비롯한 많은 사람이 희생되었어요.

왜 답이 아닐까? ① 병인양요는 조선이 프랑스인 선교사를 비롯한 천주교도를 처형한 사건을 구실로 프랑스군이 강화도를 침략한 사건이에요. ③ 을미사변은 일본이 명성 황후를 시해한 사건을 말해요. ④ 아관 파천은 을미사변 이후 고종이 러시아 공사관으로 처소를 옮긴 사건이에요.

3 임오군란

신식 군대에 비해 낮은 대우를 받던 구식 군인들이 봉기한 사건은 임오군란이에요. 임오군란이 일어나자 명성 황후는 청에 지원을 요청하였고, 이후 청의 군대가 개입하며 임오군란이 진압되었어요.

왜 답이 아닐까? ① 갑신정변은 김옥균, 박영효, 서광범, 서재필 등의 급진 개화파가 청에 의지하는 세력을 몰아내고 새로운 조선을 만들기 위해 우정총국 개국 축하 잔치를 틈타 일으킨 정변이에요. ② 갑오개혁은 1894년에 추진된 근대

적 개혁으로, 신분제와 과거제 폐지, 과부의 재가 허용 등이 이루어졌어요. ③ 을미사변은 일본이 명성 황후를 시해하고 시신을 불태우는 만행을 저지른 사건이에요.

4 갑신정변

김옥균, 박영효 등 급진 개화파가 새로운 정치를 꿈꾸며 우정총국 개국 축하 잔치를 기회로 일으킨 사건은 갑신정변이에요. 갑신정변이 청군의 개입으로 3일 만에 실패하면서 김옥균과 박영효, 서광범은 일본으로 망명했고, 서재필은 일본에서 머물다 미국으로 망명했어요.

왜 답이 아닐까? ② 아관 파천은 을미사변 이후 신변의 위협을 느낀 고종이 러시아 공사관으로 피신한 사건이에요. ③ 동학 농민 운동은 고부 군수 조병갑의 횡포에 저항한 고부 농민 봉기를 시작으로 전개된 농민 운동이에요. ④ 강화도 조약은 일본이 운요호 사건 이후 조선에 강요하여 체결된 최초의 근대적 조약이에요.

5 동학 농민 운동

조선 후기 전봉준이 주도한 운동은 동학 농민 운동이에요. 동학 농민 운동은 지배층의 수탈과 외세의 경제 침탈에 저항하여 일어난 우리 역사상 최대 규모의 농민 운동이었어요. 당시 농민군이 전주성을 함락하자 정부는 청에 도움을 요청했고, 이에 청과 일본이 조선에 군대를 보냈어요. 이에 동학 농민군은 외국 군대의 개입을 막고자 정부와 전주 화약을 맺고, 스스로 해산하였지요.

왜 답이 아닐까? ② 단발령은 을미사변 이후 추진된 을미개혁의 과정에서 시행되었어요. ③ 아관 파천 이후 1년 만에 환궁한 고종이 1897년에 대한 제국 수립을 선포하였어요. ④ 삼정이정청은 세도 정치의 폐단인 삼정의 문란을 바로잡기 위하여 조선 철종 때 설치되었어요.

6 갑오개혁의 주요 내용

군국기무처는 갑오개혁 시기 최고 정책 결정 기관이었어요. 갑오개혁이 추진되며 과거제 폐지, 신분제 폐지, 조혼 금지 등의 개혁이 이루어졌어요.

왜 답이 아닐까? ① 단발령은 을미개혁 때 시행되었어요. ② 비변사는 조선 시대에 군사와 관련된 중요 업무를 의논해 결정하던 회의 기구였으나, 임진왜란 이후 국정 전반을 총괄하는 최고 기구가 되었어요. 이에 흥선 대원군은 비변사를 폐지하였어요. ④ 당백전은 흥선 대원군이 경복궁을 다시 짓는 과정에서 발행한 고액 화폐예요.

7 독립 협회의 활동

독립문을 건립한 단체는 독립 협회예요. 독립 협회는 자주독립 의식을 확산시키고자 독립문 건립, 만민 공동회 개최 등의 활동을 하였어요.

왜 답이 아닐까? ① 갑신정변은 1884년 김옥균을 비롯한 급진 개화파가 일으켰어요 ③ 일본으로의 수신사 파견은 강화도 조약 체결 이후에 이루어졌어요 ④ 척화비는 흥선 대원군이 병인양요와 신미양요 이후 통상 수교 거부의 뜻을 널리 알리기 위해 세웠어요.

8 근대 교육의 확산

조선 시대에 미국의 선교사 스크랜튼 부인이 세운 우리나라 최초의 여성 교육 기관은 이화 학당이에요.

왜 답이 아닐까? ① 원산 학사는 우리나라 최초의 근대식 학교였어요 ② 육영 공원은 정부에서 서양의 학문을 교육하기 위해 세운 학교였어요 ④ 배재 학당은 미국의 선교사 아펜젤러가 설립한 학교였어요

》키워드 낱말 퍼즐

2 근·현대 사회의 전개

5주2일

다음은 을사년(1905)에 일본이 고종의 거부에도 불구하고 대한 제국과 강제로 조약을 체결하며 작성한 문서이다. 초성 힌트를 보고, □□ 안에 들어갈 말을 써 보자.

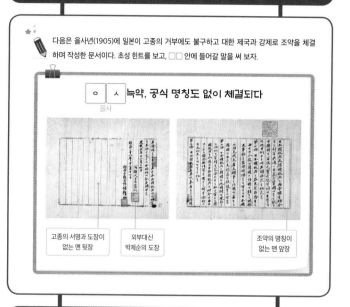

○ ㅅ 늑약, 공식 명칭도 없이 체결되다
을사

고종의 서명과 도장이 없는 맨 뒷장 / 외부대신 박제순의 도장 / 조약의 명칭이 없는 맨 앞장

》정리해 보자!

❶ 독도　　❷ 외교권　　❸ 고종, 군대

---

1 (가) → (다) → (라) → (나) → (마)

2 예시 답안 을사늑약이 무효임을 국제 사회에 알리기 위해서이다.

3 ④

---

1 (가) 러일 전쟁에서 승리한 일본은 (다) 을사늑약을 강제로 체결하여 대한 제국의 외교권을 빼앗았어요. (라) 을사늑약의 부당함을 알리기 위해 고종은 헤이그 특사를 파견하였지만, (나) 일본은 이를 구실로 고종을 강제로 퇴위시키고 대한 제국의 군대를 해산하였어요. 결국 (마) 1910년 대한 제국은 일제에 국권을 강탈당하였어요.

2 고종은 을사늑약의 부당함을 알리기 위해 1907년 네덜란드의 헤이그에서 열린 만국 평화 회의에 이상설, 이준, 이위종을 특사로 파견하였어요.

3 제시된 자료의 중명전은 일제가 대한 제국의 외교권을 빼앗기 위해 강제로 을사늑약을 체결한 곳으로, 원래 이름은 수옥헌이었어요. 을사늑약이 체결된 시기는 1905년으로, 러일 전쟁 후이며 국권 피탈 전인 (라)에 해당해요.

다음 그림은 안중근이 우리나라를 빼앗는 데 앞장선 이토 히로부미를 저격하는 모습을 그린 것이다. 안중근을 찾아 동그라미 해 보자.

》정리해 보자!

❶ 신돌석　　　❷ 신민회　　　❸ 대한매일신보

----

1 (1)㉠ (2)㉢ (3)㉡

2 국채 보상 운동

3 ③

1 을미의병(1895)은 을미사변과 단발령 시행에 반발한 유생들이 주도하였어요. 을사의병(1905)은 을사늑약의 체결에 반발하여 전국적으로 일어났어요. 이때에는 유생뿐만 아니라 평민 출신 의병장도 크게 활약하였어요. 정미의병(1907)은 고종의 강제 퇴위와 대한 제국의 군대 해산에 반발하여 일어났어요.

2 1907년에는 국민이 성금을 모아 일제에 진 나랏빛을 갚아 경제적으로 자립하자는 국채 보상 운동이 일어났어요. 대구에서 시작된 이 운동은 점차 전국으로 확산되었지요. 당시 남자들은 담배를 끊고 여자들은 비녀나 가락지 등을 내어 성금을 마련했어요.

3 안중근은 조선 침략에 앞장섰던 이토 히로부미를 중국의 하얼빈에서 저격하였어요. 법정에 선 안중근은 동양의 평화를 위해서 이토 히로부미를 사살했다고 당당히 말하였지만, 일제의 부당한 재판으로 사형 선고를 받고 뤼순 감옥에서 순국하였어요.

다음은 우리나라의 역사 인물 카드이다. 초성 힌트를 보고, ▢▢▢ 안에 들어갈 인물 카드의 주인공을 써 보자.

》정리해 보자!

❶ 헌병 경찰　　　❷ 토지 조사　　　❸ 신흥 무관 학교

----

1 선하

2 (1)㉡ (2)㉠

3 ②

1 1910년대에 일제는 헌병 경찰제를 바탕으로 무단 통치를 실시하였고, 토지 조사 사업을 실시하여 식민지 지배의 토대를 마련하였어요. 통감부는 을사늑약 체결(1905) 이후에 설치된 것으로, 일제가 국권을 강탈한 이후에는 식민 통치의 최고 기구인 조선 총독부가 설치되었어요.

2 (1) 이회영과 다섯 형제들은 막대한 재산을 처분하고 만주로 건너가 신흥 강습소를 세워 독립군을 양성하였어요. (2) 국내에서는 박상진 등이 대한 광복회를 조직해 군자금을 모아 만주에 무관 학교를 세우려고 하였어요.

3 한국의 국권을 빼앗은 일제는 식민 통치의 위엄을 과시하기 위해 경복궁의 여러 건물을 훼손하고 근정전 앞에 조선 총독부 건물을 지었어요. 이후 조선 총독부 건물은 1995년 광복 50주년을 맞아 철거되었어요. 철거된 조선 총독부의 첨탑은 현재 천안 독립 기념관에 전시되어 있어요.

✎ 다음은 1919년 3월 1일, 학생과 시민이 독립 선언서를 낭독하고 태극기를 흔들며 만세 시위를 벌이는 모습이다. 만세 시위 모습을 색칠하며, 독립에 대한 한국인의 열망을 느껴 보자.

》정리해 보자!

❶ 민족 자결주의　　❷ 대한 독립 만세　　❸ 유관순

---

1 ㉡, ㉢

2 설아

3 ①

1 제1차 세계 대전이 끝날 무렵 ㉡ 미국의 윌슨 대통령이 주장한 민족 자결주의는 우리 민족에게 독립에 대한 희망을 주었어요. ㉢ 일본에서는 한국인 유학생들이 독립 선언식을 하였지요. 이러한 상황에서 국내에서는 고종의 독살설이 퍼지면서 일제에 대한 반감이 커졌어요. 이에 종교계 인사와 학생들은 독립의 희망을 품고 우리의 독립 의지를 담은 독립 선언서를 작성하며 만세 시위를 준비하였어요.

2 3·1 운동은 일제의 탄압으로 좌절되었지만, 전국의 거의 모든 지역에서 전 계층이 참여한 우리 역사상 최대 규모의 민족 운동이었어요. 또한, 우리 동포가 많이 거주하는 국외까지 퍼져 나갔지요. 통감부는 1906년 일제가 대한 제국을 침략하기 위해 세운 통치 기구로 1910년까지 유지되었어요.

3 1919년 2월 8일 일본 도쿄에서 한국인 유학생들이 2·8 독립 선언을 발표하여 한국의 독립을 주장하였어요. 이 사건은 우리 역사상 최대 규모의 민족 운동인 3·1 운동의 도화선이 되었어요.

✎ 다음은 윤봉길이 상하이 훙커우 공원에서 열린 일본 왕의 생일과 상하이 점령을 축하하는 기념 식장에 폭탄을 던지는 의거를 행하는 모습이다. 윤봉길을 찾아 동그라미 해 보자.

》정리해 보자!

❶ 대한민국　　❷ 연통제　　❸ 한인 애국단

---

1 (1) ○　(2) ×　(3) ○

2 ㉣

3 ④

1 대한민국 임시 정부는 비밀 조직인 연통제와 교통국을 설치해 독립운동 자금을 모으고, 국내외 독립운동에 대한 정보를 주고받았어요. 또한, 『독립신문』을 발행해 독립운동 소식을 나라 안팎의 동포에게 전하였고, 다른 나라와 외교 활동도 하며 독립운동을 펼쳤어요. (2) 1907년에 일어난 국채 보상 운동은 『대한매일신보』에서 지원하였어요.

2 이봉창은 김구가 조직한 한인 애국단의 단원이었어요. 이봉창은 일본 도쿄에서 일본 왕이 탄 마차를 향해 폭탄을 던지는 의거 활동을 벌였어요. ㉠ 청산리에서 일본군을 무찌른 청산리 대첩에서는 김좌진과 홍범도 등이 활약하였어요. ㉡ 이완용을 습격한 사람은 이재명이에요. ㉢ 이토 히로부미를 저격한 사람은 안중근이에요.

3 한인 애국단은 대한민국 임시 정부에 활기를 불어넣고자 김구가 조직한 항일 독립운동 단체였어요. 한인 애국단원인 이봉창, 윤봉길 등은 일제의 주요 인물을 처단하는 의거 활동을 벌였지요.

1 헤이그 특사

고종은 을사늑약이 체결되자 을사늑약의 부당성을 국제 사회에 알리기 위하여 네덜란드 헤이그에서 열린 만국 평화 회의에 이준, 이상설, 이위종을 특사로 파견하였어요.

왜 답이 아닐까? ① 신간회는 일제 강점기인 1927년에 결성된 국내 최대 규모의 항일 단체였어요. ③ 일제는 한국의 국권을 빼앗은 후 식민 통치의 최고 기구로 조선 총독부를 설치하였어요. ④ 3·1 운동을 계기로 대한민국 임시 정부가 수립되었어요.

2 항일 의병 운동

1907년에 일어난 의병은 정미의병이에요. 헤이그 특사 파견을 구실로 고종이 강제 퇴위당하고 대한 제국 군대가 강제로 해산되자, 의병 운동은 더욱 활발해졌어요. 특히 해산된 군인들이 의병에 합류하면서 전투력은 더욱 강화되었지요. 이때의 의병은 전 계층이 참여한 전국적인 의병 전쟁으로 발전하였어요.

왜 답이 아닐까? ① 방곡령은 개항 이후 조선의 곡물이 일본으로 빠져나가는 것을 막기 위해 곡물의 수출을 금지한 명령이에요. ② 홍경래의 난은 1811년 평안도에서 홍경래가 지방 차별과 조정의 부패에 항거하여 일으킨 농민 운동이에요. ③ 1905년 일본은 화폐 정리 사업을 실시해 당시 사용하던 화폐를 일본 제일 은행에서 발행하는 새 화폐로 바꾸었어요.

3 신민회

안창호, 양기탁 등이 주요 인물이며 대성 학교, 오산 학교를 설립하고 태극 서관과 자기 회사를 운영한 단체는 신민회예요. 신민회는 국외 독립운동 기지 건설에도 적극 나섰어요.

왜 답이 아닐까? ① 보안회는 일제의 황무지 개간권 요구 반대 운동을 전개한 단체예요. ② 신간회는 1927년 비타협적 민족주의자들과 사회주의자들이 연합하여 만든 항일 단체예요. ④ 독립 협회는 서재필이 중심이 되어 조직한 단체로 독립문을 건립하고 만민 공동회를 개최하였어요.

4 토지 조사 사업

일제는 한국의 국권을 빼앗은 후, 토지 조사 사업을 실시해 식민지 지배의 토대를 마련하였어요. 이 시기에 일제는 헌병 경찰을 통해 독립운동가뿐만 아니라 한국인의 일상생활까지도 감시하였어요.

왜 답이 아닐까? ① 고려 말 원 간섭기에 고려는 원에 많은 공물을 바쳤는데 공녀라는 이름으로 여성들까지 원에 끌려갔어요. ② 국채 보상 운동은 1907년에 일제에 진 나랏빚을 국민의 힘으로 갚기 위해 전개된 운동이에요. ④ 1871년에 일어난 신미양요 당시 조선의 군대가 광성보에서 미군에 맞서 싸웠어요.

5 이회영의 업적

제시된 자료에서 '신민회의 일원', '일제 강점기 독립운동에 헌신하다 순국함.', '남만주의 삼원보에서 결성한 경학사의 설립 취지문' 등의 내용을 통해 (가)는 이회영이라는 것을 알 수 있어요. 조선 시대의 명문가 자손으로 우리나라에서 손꼽히는 부자였던 이회영은 그의 형제들과 함께 만주로 넘어가 신흥 강습소(후에 신흥 무관 학교로 바뀜.)를 세워 독립군을 양성하였어요.

왜 답이 아닐까? ① 조선 의용대는 일제 강점기인 1938년에 김원봉이 주도하여 중국에서 상실한 무장 독립 부대에요. ③ 한인 애국단은 김구가 대한민국 임시 정부에 활기를 불어넣으려고 1931년에 조직하였어요. ④ 1919년 파리 강화 회의에 대표로 파견된 사람은 김규식이에요.

6 3·1 운동

1919년에 일어난 일제 강점기 최대 규모의 독립운동으로, 중국과 인도의 민족 운동에 큰 영향을 미친 운동은 3·1 운동이에요. 3·1 운동을 계기로 독립운동을 이끌 민족 대표 기구로 대한민국 임시 정부가 수립되었어요.

왜 답이 아닐까? ① 『대한매일신보』의 후원으로 확산된 운동은 국채 보상 운동이에요. ② 순종의 장례일을 기회로 삼아 일어난 독립운동은 6·10 만세 운동이에요. ③ 일제 강점기 진주에서 시작하여 전국으로 확산된 운동은 형평 운동이에요. 형평 운동은 백정들이 사회적 차별 대우에 반발하여 일으킨 신분 해방 운동이었어요.

7 대한 민국 임시 정부의 활동

대한민국 임시 정부는 국내외 독립운동 조직을 연결하고 독립운동 자금을 안정적으로 확보하기 위하여 비밀 조직인 연통제와 교통국을 운영하였어요.

① 만민 공동회는 누구나 참여할 수 있는 민중 집회로, 이를 개최한 단체는 독립 협회예요. ② 105인 사건으로 해체된 단체는 신민회예요. ④ 한글 맞춤법 통일안을 발표한 단체는 조선어 학회예요.

8 이봉창의 의거

제시된 자료에서 '일제 강점기 독립운동가', '한인 애국단 소속', '도쿄에서 일본 왕이 탄 마차를 향해 폭탄을 던짐.'이라는 내용을 통해 (가)에 들어갈 인물은 이봉창이라는 것을 알 수 있어요. 이봉창이 일본 왕을 향해 던진 폭탄은 마차의 뒤편에 떨어져 폭발하면서 일본 왕을 처단하지는 못하였지만, 일제에 큰 충격을 주었어요.

① 안창호는 민족의 실력을 양성하려고 노력한 독립운동가로, 평양에 대성 학교를 세워 인재를 키웠어요. 이후 미국으로 건너가 샌프란시스코에서 흥사단을 세워 한국인들의 실력을 양성하는 운동에 앞장섰어요. ② 안중근은 하얼빈에서 우리나라를 빼앗는 데 앞장선 이토 히로부미를 저격하였어요. ③ 윤봉길은 한인 애국단원으로 중국 상하이 훙커우 공원에서 열린 일본 왕의 생일과 상하이 점령을 축하하는 기념식장에 폭탄을 던지는 의거 활동을 하였어요.

》키워드 숨은 낱말 찾기

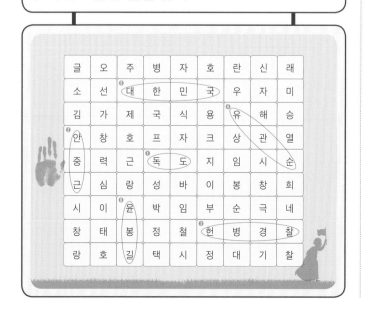

6주3일

다음은 1920년에 일제가 발표한 조선 민족 운동에 대한 대책이다. 초성 힌트를 보고, 3·1 운동 이후 일제가 표방한 식민 지배 방식을 일컫는 말을 □□□□ 안에 써 보자.

조선 민족 운동에 대한 대책
- 친일 인사가 각 종교 단체 지도자가 되도록 후원한다.
- 수재 교육을 명목으로 친일 지식인을 많이 양성한다.
- 조선인 부호들과 민중을 대립하게 하고, 부호들에게 일본 자본을 공급해 친일화한다.
- 각종 친일 단체를 조직하고 후원한다.
- 조선 총독부, 「사이토 마코토 문서」 -

ㅁ ㅎ ㅌ ㅊ

정답: 문 화 통 지

》정리해 보자!

❶ 문화 통치   ❷ 분열   ❸ 산미 증식

1 ㉢

2 예시 답안 일제가 늘어난 쌀보다 더 많은 양의 쌀을 일본으로 가져갔기

3 ③

---

1 3·1 운동 이후 더 이상 강압적인 무단 통치로 한국인을 통치할 수 없다고 생각한 일제는 이른바 문화 통치를 선언했어요. 조선 태형령과 교사들의 제복 착용을 폐지하였고, 무관 대신 문관 총독을 임명할 수 있도록 했지만 실제로는 이루어지지 않았어요. 또한, 보통 경찰제를 실시하며 오히려 경찰의 수를 늘렸어요.

2 산미 증식 계획으로 일본으로 많은 양의 쌀이 빠져나가 쌀값이 크게 올랐고, 농민들이 종자 개량비나 비료 대금 등을 떠맡아 생활이 더욱 열악해졌어요.

3 1920년대 일제는 산미 증식 계획을 통해 쌀의 생산량을 늘렸어요. 하지만 늘어난 쌀보다 훨씬 더 많은 양의 쌀을 일본으로 가져가 국내에서는 쌀 부족으로 농민들이 어려운 생활을 해야 했어요. 군산항은 전라도 곡창 지대의 쌀이 일본으로 반출되는 주요 항구였어요.

다음은 1920년대에 추진된 민족 운동의 포스터이다. 각 민족 운동 포스터의 구호를 참고하여 빈칸에 알맞은 구호를 써 보자.

》정리해 보자!

❶ 민립 대학   ❷ 광주 학생   ❸ 방정환

---

1 6·10 만세 운동

2 (1) ⓒ (2) ⓐ (3) ⓑ

3 ④

1 6·10 만세 운동은 순종의 장례식을 계기로 학생들의 주도로 일어난 만세 운동이에요. 학생들은 순종의 상여가 지나는 길에 미리 준비한 전단을 뿌리며 만세를 불렀어요. 전국적 만세 시위로 확대되지는 못했으나, 이후 신간회가 창립되는 계기가 되었어요.

2 1920년대에는 국산품 애용 운동인 물산 장려 운동, 어린이 인권 운동인 소년 운동, 백정들의 사회적 차별 반대 운동인 형평 운동 등 다양한 민족 운동이 전개되었어요.

3 광주 학생 항일 운동은 차별적인 일제의 식민지 교육 정책에 저항한 민족 운동이에요. 광주에서 시작되어 전국 각지에서 수많은 학생이 참여하였으며, 3·1 운동 이후 가장 큰 항일 민족 운동이에요.

다음은 항일 무장 투쟁을 전개하며 독립군으로 활약한 인물들이다. 사다리를 타고 내려가 각 설명에 해당하는 인물의 이름을 알아보자.

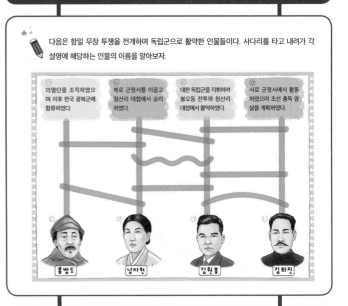

》정리해 보자!

❶ 홍범도   ❷ 의열단   ❸ 한국 광복군

---

1 홍범도, 대한 독립군, 김좌진, 북로 군정서

2 (1) ○ (2) ○ (3) ×

3 ①

1 봉오동 전투, 청산리 대첩은 독립군이 일본군에 맞서 큰 승리를 거둔 전투예요. 봉오동 전투에서는 홍범도의 대한 독립군과 독립군 연합 부대가 일본군과 싸웠고, 청산리 대첩에서는 김좌진의 북로 군정서와 홍범도가 이끄는 독립군 연합 부대가 일본군을 상대로 큰 승리를 거두었어요.

2 대한민국 임시 정부는 충칭에 정착한 후 정규군으로 한국 광복군을 창설했어요. 한국 광복군은 연합군과 함께 미얀마·인도 전선에 참전하였고, 미군과 함께 특수 훈련을 받으며 국내 진공 작전을 계획했어요. 하지만 일본의 갑작스러운 항복으로 국내 진공 작전은 이루어지지 못했어요.

3 홍범도는 1920년 일제의 국경 수비대와의 전투에서 승리한 후 일본군을 봉오동으로 유인해 큰 승리를 거두었어요. 이후 김좌진과 함께 연합 부대를 만들어 청산리에서 일본군과 싸워 또 한 번의 큰 승리를 거두기도 했어요.

다음은 일제가 침략 전쟁을 확대한 1930년대 이후 한국인이 일제로부터 강요받은 것을 보여 주는 사진전이다. 초성 힌트를 보고, 사진전의 제목으로 알맞은 말을 ☐☐☐☐ 안에 써 보자.

일제, ☐ ㅁ ㅈ ㅁ ㅅ ☐ 정책을 펴다

- 황국 신민 서사 암송
- 궁성 요배
- 신사 참배

정답: 민 족 말 살

》정리해 보자!

❶ 민족 말살　　❷ 국민학교　　❸ 공출

----

1 ㉠, ㉡

2 예시 답안 전쟁에 사용할 무기를 만들기 위해서이다.

3 ③

1 1930년대 이후 일제는 우리 민족을 전쟁에 쉽게 동원하고자 민족 말살 정책을 펼쳤어요. 아침마다 일본 왕의 궁성을 향해 절하는 궁성 요배를 강요하고 일본의 신을 모신 신사에 참배하게 하였지요. 또한, 어린 학생들에게도 황국 신민 서사를 외우고 암송하도록 했어요. ㉡ 헌병 경찰제는 1910년대 일제가 우리나라를 지배하기 위해 실시한 경찰 제도예요.

2 일제는 국가 총동원법을 통해 무기, 옷, 식량, 의약품 등 전쟁에 필요한 물자를 우리나라에서 가져갔어요. 금속 공출로 집안의 그릇, 수저, 요강까지 가져가 전쟁에 사용할 무기를 만들기도 했어요.

3 1930년대 일제는 침략 전쟁을 확대하고 우리나라 땅을 전쟁에 필요한 인적·물적 자원을 공급하는 병참 기지로 만들었어요. 이를 위해 한국어 교육과 우리말 사용을 금지시키고 일본식 성명 강요, 신사 참배, 궁성 요배, 황국 신민 서사 암송 등을 통해 우리 민족을 일본의 신민으로 만드는 민족 말살 정책을 펼쳤지요.

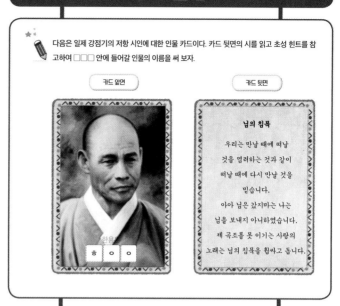

다음은 일제 강점기의 저항 시인에 대한 인물 카드이다. 카드 뒷면의 시를 읽고 초성 힌트를 참고하여 ☐☐☐ 안에 들어갈 인물의 이름을 써 보자.

카드 앞면　　　카드 뒷면

ㅎ ㅇ ㅇ

님의 침묵

우리는 만날 때에 떠날 것을 염려하는 것과 같이 떠날 때에 다시 만날 것을 믿습니다. 아아 님은 갔지마는 나는 님을 보내지 아니하였습니다. 제 곡조를 못 이기는 사랑의 노래는 님의 침묵을 휩싸고 돕니다.

》정리해 보자!

❶ 조선어 학회　　❷ 박은식　　❸ 한용운

----

1 스승의 날 → 가갸날

2 (1) ㉡　(2) ㉠　(3) ㉢

3 ②

1 조선어 연구회는 한글날의 출발이 된 가갸날을 만들고 잡지 『한글』을 발행하였어요. 이후 조선어 연구회는 조선어 학회로 발전하여 한글 보급 등을 위해 노력했지요. 또한 우리말 『큰사전』 편찬을 시도하였으나 일제가 조작한 조선어 학회 사건으로 조선어 학회가 해체되며 중단되었어요.

2 한용운, 이육사, 윤동주는 일제 강점기의 대표적인 저항 시인이에요. 한용운은 3·1 운동 때 불교계를 대표해 민족 대표 33인에 참여했어요. 이육사는 저항시뿐 아니라 의열단으로 활동하기도 했어요. 윤동주는 간도에서 태어나고 자라 서울에서 공부하고 일본으로 유학을 갔는데, 식민지 조선인으로 학문을 이어가는 고뇌와 번민을 시로 표현했어요.

3 신채호는 독립운동가이자 역사학자로, 역사서와 위인전을 편찬해 민족의식을 고취했어요. 우리 역사 속 외침에 맞선 위인들의 전기를 편찬해 우리 민족의 끈기와 저항 정신을 일깨웠어요.

» 도전! 한국사능력검정시험

1 ④	**2** ③	**3** ③	**4** ②
5 ①	**6** ③	**7** ④	**8** ①

1 산미 증식 계획

일제가 한국의 쌀 생산량을 늘려 자국의 식량 부족 문제를 해결하기 위해 실시한 정책은 산미 증식 계획이에요. 산미 증식 계획의 결과 한국의 식량 사정이 더욱 나빠졌고, 농민들의 생활은 더욱 어려워졌어요.

왜 답이 아닐까? ① 대동법은 조선 후기 방납의 폐단을 바로잡기 위해 공납을 현물 대신 쌀이나 베, 동전 등으로 납부하게 한 제도예요. ② 회사령은 일제가 우리의 민족 산업과 자본의 성장을 막기 위해 회사 설립을 할 때 조선 총독의 허가를 받도록 한 법이에요. ③ 토지 조사 사업은 일제가 토지를 수탈하고 조선 총독부의 재정 수입을 늘리기 위해 1910년대에 실시한 정책이에요.

2 물산 장려 운동

1920년에 평양에서 시작되었으며, '내 살림 내 것으로' 등의 표어를 내세운 민족 운동은 물산 장려 운동이에요.

왜 답이 아닐까? ① 국채 보상 운동은 1907년 대한 제국이 일제에 진 빚을 국민의 성금으로 갚기 위해 전개된 운동이에요. ② 문자 보급 운동은 『조선일보』의 주도로 1920년대 후반부터 전개된 문맹 퇴치 운동이에요. ④ 민립 대학 설립 운동은 1920년대 우리 민족의 힘으로 대학을 설립하기 위해 전개된 민족 운동이에요.

3 광주 학생 항일 운동

한국인 학생과 일본인 학생의 충돌이 원인이 되었고, 학생들이 민족 차별 철폐와 식민지 교육 반대를 내세우며 시위를 벌인 운동은 광주 학생 항일 운동이에요. 광주 학생 항일 운동이 일어나자 신간회가 진상 조사단을 파견하여 지원하였어요.

왜 답이 아닐까? ① 독립 협회는 관민 공동회를 개최하고 정부에 헌의 6조를 건의하였어요. ② 「조선 혁명 선언」을 활동 지침으로 삼은 단체는 의열단이에요. ④ 일제가 이른바 문화 통치를 실시하는 계기가 된 것은 3·1 운동이에요.

4 의열단의 의열 투쟁

김원봉이 만주에서 조직한 단체로 일제의 주요 기관 파괴와 일본인 관료, 친일파 처단을 목적으로 한 단체는 의열단이에요. 의열단원 김익상, 나석주, 김상옥 등이 의열 투쟁을 전개하였어요.

왜 답이 아닐까? ① 신민회는 1907년 국내에서 결성된 항일 비밀 결사로, 국권 회복과 공화 정체의 국민 국가 수립을 목표로 하였어요. ③ 한인 애국단은 침체된 대한민국 임시 정부의 활동을 활성화시키기 위해 김구가 조직한 의열 단체예요. ④ 조선 형평사는 백정의 차별 철폐를 위해 진주에서 조직된 단체로, 형평 운동을 전개하였어요.

5 한국 광복군의 활동

대한민국 임시 정부가 1940년 충칭에서 창설한 부대는 한국 광복군이에요. 일본이 태평양 전쟁을 일으키자 한국 광복군은 연합군의 일원으로 참전하였어요. 한국 광복군은 미국의 지원으로 훈련을 받은 대원들을 국내에 투입시키는 국내 진공 작전을 계획하였으나 일본의 항복으로 실행에 옮기지는 못하였어요.

왜 답이 아닐까? ② 간도 참변 이후 만주의 독립군은 대한 독립 군단을 결성하여 자유시로 이동하였어요. ③ 박상진은 대한 광복회의 총사령으로 활동하였어요. ④ 청산리 대첩에서 일본군을 크게 물리친 부대는 김좌진의 북로 군정서와 홍범도의 대한 독립군을 비롯한 독립군 연합 부대예요.

6 민족 말살 정책

일제가 황국 신민 서사 암송을 강요한 시기는 1930년대 후반 이후예요. 일제는 침략 전쟁을 확대하면서 한국인을 전쟁에 쉽게 동원하기 위해 민족 말살 정책을 실시하였어요. 일제는 이를 위해 신사 참배를 강요하고 한국인의 성과 이름을 일본식으로 강제로 바꾸게 했어요.

왜 답이 아닐까? ① 균역법은 조선 영조 때 시행되었어요. ② 조선 후기 일본으로의 쌀 유출이 크게 늘어나자 여러 지역에서 방곡령이 선포되었어요. 일제는 이로 인해 일본 상인이 피해를 입었다며 피해 보상을 요구하였어요. ④ 신식 군대인 별기군은 개항 이후에 창설되었어요.

7 조선어 학회의 활동

한글 맞춤법 통일안을 마련하였으며 우리말 『큰사전』 편찬을 위해 우리말을 모으는 '말모이 작전'을 전개한 단체는 조선어 학회예요. 조선어 학회는 우리말 『큰사전』을 펴내려고 하였으나 일제가 조작한 조선어 학회 사건으로 학회가 해체되면서 사전을 편찬하지 못하였어요.

왜 답이 아닐까? ① 신간회는 사회주의 세력과 비타협적 민족주의 세력이 연합하여 조직한 독립운동 단체예요. ② 독립 협회는 1896년 서재필 등이 중심이 되어 조직한 단체예요. 자주 국권 수호 운동, 민족 계몽 운동 등을 전개하였어요. ③ 황국 협회는 대한 제국 정부가 독립 협회에 대항하기 위해 조직한 단체로, 회원 대부분이 보부상이었어요. 대한 제국 정부는 황국 협회를 동원해 독립 협회의 활동을 탄압하였어요.

8 박은식의 역사 서술

박은식은 1910년대 중국으로 망명하여 근대 이후 일본의 침략 과정을 서술한 『한국통사』를 편찬하였고, 3·1 운동 이후에는 독립운동의 과정을 서술한 『한국독립운동지혈사』를 편찬하였어요. 그는 이 책에서 혼과 독립정신을 잃지 말자고 강조하였지요.

자료 더 보기	일제 강점기 한국사 연구
박은식	• 역사는 혼이라고 규정함. • 『한국통사』, 『한국독립운동지혈사』를 편찬함.
신채호	• 독립운동의 역사를 책으로 씀. • 『이순신전』, 『을지문덕전』 등 위인전을 편찬함.

» 키워드 낱말 퍼즐

광복 이후 한반도에서는 총선거를 두고 의견이 대립하였다. 다음 주장을 보고 나의 생각도 말풍선에 써 보자.

» 정리해 보자!

❶ 광복　　　❷ 신탁 통치　　　❸ 제헌 국회

---

1 (나) → (가) → (다)

2 반민족 행위 특별 조사 위원회

3 ④

---

1 1945년 8월 15일 광복을 맞았어요. 하지만 모스크바 3국 외상 회의에서 신탁 통치가 결정되고 이에 대한 찬반으로 나라는 혼란에 빠지게 되었어요. 이후 남북 협상이 성과를 거두지 못하였고, 1948년 5월 10일 남한만의 총선거가 실시되고 8월 15일 대한민국 정부가 수립되었어요.

2 대한민국 정부가 수립된 후 제헌 국회에서는 친일파 처벌을 위한 반민족 행위 처벌법을 제정하고 반민족 행위 특별 조사 위원회를 만들었어요. 반민 특위의 활동은 국민들의 큰 지지를 받았지만, 민족 반역자들에 대한 처벌은 제대로 이루어지지 못했어요.

3 1945년 광복과 함께 우리나라에는 북위 38도선이 그어지게 되었어요. 미국, 영국, 소련의 외무 장관들은 모스크바에서 3국 외상 회의를 열었고 여기에서 한반도에 임시 민주 정부 수립과 신탁 통치를 결정하게 되었어요. 이후 국내에서는 회의의 결정을 지지하는 이들과 신탁 통치에 반대하는 이들의 극심한 대립이 이어졌어요.

다음은 6·25 전쟁 이후 우리 민족이 겪은 어려움을 나타낸 그림이다. 초성 힌트를 보고, ☐☐☐☐ 안에 들어갈 알맞은 말을 써서 사진의 제목을 완성해 보자.

ㅇ ㅅ ㄱ ㅈ 을 찾는 사람들

정답: 이 산 가 족

》 정리해 보자!

❶ 북한 　　❷ 인천 상륙 작전 　　❸ 중국군

----

1 (나) → (가) → (다)

2 ㉠: 인천, ㉡: 부산

3 ③

1 1950년 6월 25일 새벽, 북한의 기습 남침으로 전쟁이 시작되었어요. 전쟁 초반 국군과 유엔군은 북한군의 공격으로 낙동강 전선까지 후퇴해 내려가게 되었지만, 인천 상륙 작전으로 압록강까지 올라갔어요. 이후 중국군의 참전으로 다시 서울을 빼앗기고 북위 38도선 근처에서 교착 상태로 이어지던 전쟁은 1953년 7월 정전 협정이 체결되어 끝이 났어요.

2 1950년 9월 유엔군과 국군은 인천 상륙 작전을 펼쳤어요. 치밀하게 준비하여 이루어진 인천 상륙 작전을 통해 전쟁의 전세가 바뀌고 서울을 되찾을 수 있었어요.

3 1950년 북한의 갑작스러운 침공으로 6·25 전쟁이 시작되었어요. 전쟁 초반 낙동강 전선까지 밀렸던 국군과 유엔군은 인천 상륙 작전으로 전세를 뒤집고 서울을 되찾은 이후 압록강 유역까지 북진해 올라갔지만, 중국군의 개입으로 다시 후퇴하였어요. 3년을 넘게 이어진 전쟁은 1953년 7월 정전 협정으로 막을 내렸어요.

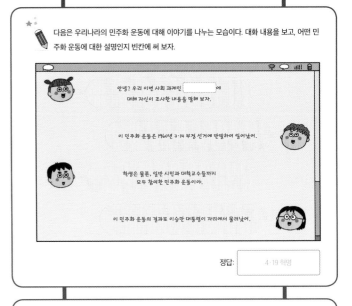

다음은 우리나라의 민주화 운동에 대해 이야기를 나누는 모습이다. 대화 내용을 보고, 어떤 민주화 운동에 대한 설명인지 빈칸에 써 보자.

안녕? 우리 이번 사회 과제인 ☐☐☐☐ 에 대해 자신이 조사한 내용을 말해 보자.

이 민주화 운동은 1960년 3·15 부정 선거에 반발하여 일어났어.

학생은 물론, 일반 시민과 대학교수들까지 모두 참여한 민주화 운동이야.

이 민주화 운동의 결과로 이승만 대통령이 자리에서 물러났어.

정답: 4·19 혁명

》 정리해 보자!

❶ 부정 선거 　　❷ 박정희 　　❸ 유신 헌법

----

1 4·19 혁명

2 5·16 군사 정변, 유신 헌법, 10·26 사태, 한·일 협정

3 ①

1 1960년 3월 15일 정·부통령 선거에서 이승만 정부는 정권을 이어 가기 위해 부정 선거를 저질렀어요. 마산에서 부정 선거에 항의하는 시위에 참여한 김주열이 죽고, 이를 계기로 독재 청산과 민주주의를 요구하는 국민들의 시위는 전국으로 확대되었어요. 결국 4·19 혁명을 통해 이승만이 대통령직에서 내려오고 이승만 정부는 무너졌어요.

2 5·16 군사 정변을 일으켜 정권을 잡은 박정희 정부는 1972년 대통령에게 막강한 권력을 부여하는 유신 헌법을 제정하였어요. 하지만 10·26 사태로 박정희 정부가 무너졌어요. 박정희 정부는 한·일 협정과 베트남 파병을 통해 경제적 이익을 얻기도 하였어요.

3 마산에서 3·15 부정 선거에 항의하는 시위에 참여했던 김주열 학생의 죽음에 분노한 전국의 학생들은 이승만 정권의 부정과 독재에 반대하는 시위를 이어 갔어요. 이승만 정권의 무력 진압에도 초등학생부터 일반 시민들까지 시위에 참여해 결국 이승만 정권은 무너졌어요. 이를 4·19 혁명이라고 해요.

다음은 가상 뉴스의 한 장면이다. 가상 뉴스의 내용과 관련 있는 민주화 운동이 무엇인지 써 보자.

올해 초 대학생 박종철이 고문에 의해 사망한 이후 이에 대한 정부의 해명과 직선제 개헌을 요구하는 시민들의 시위가 더욱 거세지고 있습니다. 며칠 전 민주화 시위에 나섰던 대학생 이한열이 최루탄에 맞아 중태에 빠진 현재, 정부가 취해야 할 태도에 대해 시민들의 인터뷰를 들어보겠습니다.

군부 독재 타도하자

정답: 6월 민주 항쟁

》정리해 보자!

❶ 신군부　　　　❷ 광주　　　　❸ 직선제

----

1 5·18 민주화 운동

2 ㉠, ㉢

3 ㉡

1 10·26 사태 이후 신군부가 등장하고 정권을 장악하자, 이에 반대하여 5·18 민주화 운동이 일어났어요.

2 대학생 박종철이 국가 권력에 의해 부당하게 죽고 그 진실이 알려지자, 국민들은 전두환 정부의 퇴진과 대통령 직선제를 요구하였어요. 시위에 참여한 대학생 이한열이 경찰의 최루탄에 맞아 목숨을 잃자, 분노한 국민들은 민주화를 요구하며 시위를 이어 갔어요. 이를 6월 민주 항쟁이라고 해요. 6월 민주 항쟁의 결과 6·29 민주화 선언을 통해 대통령 직선제 개헌이 이루어졌어요.

3 10·26 사태 이후 신군부가 군사 정변을 통해 정권을 장악하자, 이에 반대한 5·18 민주화 운동이 일어났어요. 1980년 5월 광주에서 신군부와 비상계엄령에 반대하는 대규모 시위가 일어났고, 계엄군이 이를 무자비하게 진압하면서 민주화를 요구하는 많은 시민이 목숨을 잃게 되었어요.

다음은 외환 위기를 극복하기 위해 우리 국민이 전개한 운동에 대한 기사이다. 초성 힌트를 보고, □□□□ 안에 알맞은 말을 써 보자.

역사 신문

우리나라는 지속적인 경제 성장을 이루었지만, 1997년 외환 위기로 국가 경제가 큰 어려움을 겪기도 하였습니다. 정부는 부실기업과 금융 기관을 정리하는 등의 국가 정책을 추진하였고, 국민들은 자발적인 ㄱ ㅁ ㅇ ㄱ 운동을 전개하여 어려움을 극복하기 위해 노력하였습니다.

정답: 금 모 으 기

》정리해 보자!

❶ 삼백 산업　❷ 경부 고속　❸ 경제 협력 개발 기구

----

1 (1) 경공업　(2) 중화학 공업　(3) 외환 위기

2 전태일

3 ④

1 1960년대에는 의류, 신발, 가방 등의 경공업이 발전하였고 1970~1980년대에는 철강, 석유 화학, 자동차, 기계 등의 중화학 공업이 발전하였어요. 하지만 1997년 외환 위기로 경제적 위기를 겪기도 했지요.

2 대한민국의 경제 발전 뒤에는 열악한 근무 조건에서도 열심히 일한 노동자들의 희생이 있었어요. 전태일은 노동자의 근무 환경 개선을 위해 노력했지만 이루어지지 않자, 노동자의 목소리에 귀 기울여 줄 것을 호소하며 분신했어요. 전태일의 희생으로 이후의 노동 운동이 크게 발전할 수 있었어요.

3 1990년대 외화가 빠져나가면서 기업들이 줄줄이 무너졌어요. 이에 정부에서는 국제 통화 기금의 구제 금융을 요청했고, 국민들은 자발적으로 나라 빚을 갚기 위해 금 모으기 운동을 펼쳤어요. 그 결과 예정보다 빠르게 빌렸던 돈을 모두 갚을 수 있었어요.

다음은 유라시아 횡단 열차의 노선이다. 남북한 철도 연결 사업이 완료되면 기차를 타고 우리 나라에서 어디까지 갈 수 있는지 점선을 따라 시베리아 횡단 철도를 그리며 생각해 보자.

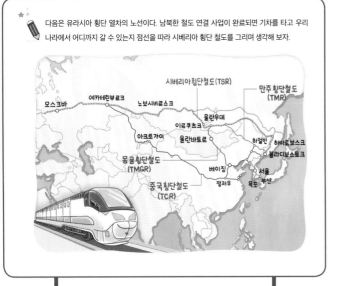

》정리해 보자!

❶ 남북 공동 성명   ❷ 유엔   ❸ 정상

1 (다) → (나) → (라) → (가)

2 ㉢

3 ②

1 통일을 위한 남북의 노력은 (다) 7·4 남북 공동 성명 발표(1972) → (나) 남북 기본 합의서 채택(1991) → (라) 6·15 남북 공동 선언 발표(2000) → (가) 판문점 선언 발표의 순서로 이루어졌어요.

2 김대중 정부는 남북한의 화해와 평화를 위해 남북의 교류를 확대하는 '햇볕 정책'을 폈고, 2000년에는 분단 이후 처음으로 남북 정상이 만나 6·15 남북 공동 선언을 발표했어요. 이후 개성 공단 조성 사업이 시작되고 경의선 운행이 재개되었으며 금강산 육로 관광이 시작되었어요. ㉢ 남북한 유엔 동시 가입은 1991년의 일이에요.

3 2000년 평양에서 만난 남북 정상은 6·15 남북 공동 선언문을 발표했어요. 이를 통해 남북 이산가족 상봉과 개성 공단 조성에 합의하고, 분단으로 끊긴 경의선 철도를 다시 연결할 수 있었어요.

》도전! 한국사능력검정시험

1 ①   **2** ③   **3** ①   **4** ②

5 ④   **6** ④   **7** ①   **8** ①

1 대한민국 정부 수립

8·15 광복 이후 모스크바 3국 외상 회의의 결정에 따라 한반도의 임시 민주 정부 구성을 위한 미·소 공동 위원회가 열렸어요. 그러나 결국 결렬되고 유엔 소총회의 결정에 따라 5·10 총선거가 치러져 제헌 국회가 구성되면서 대한민국 정부가 수립되었어요. 대한민국 정부 수립 이후 북한에서도 조선 민주주의 인민 공화국이 수립되었어요. 남과 북에 이념과 체제를 달리하는 정부와 정권이 수립되면서 갈등이 고조되었고 소련의 지원을 받은 북한의 기습적인 남침으로, 6·25 전쟁이 일어났어요.

왜 답이 아닐까? ② 5·10 총선거 실시, ③ 조선 건국 준비 위원회 결성, ④ 모스크바 3국 외상 회의 개최는 대한민국 정부 수립 이전에 일어난 사건이에요.

2 6·25 전쟁의 전개

1950년 6월 25일 북한군의 남침으로 6·25 전쟁이 일어났어요. 국군은 북한군에 밀려 낙동강 유역까지 후퇴하였어요. 유엔에서는 남한을 지원하여 유엔군을 파견하였고, 국군과 유엔군은 인천 상륙 작전을 전개하여 서울을 되찾고 압록강 유역까지 진격하였어요. 그러나 중국군의 참전으로 후퇴하면서 흥남 부두에서 대규모 철수 작전이 전개되었지요. 이후 38도선에서 남북의 공방전이 계속되자 소련의 제의로 휴전 협상이 시작되어 정전 협정이 체결되었어요.

왜 답이 아닐까? ① 청산리 대첩은 1920년에 일어난 독립 전쟁이에요. ② 중국군의 개입 이후 흥남 철수 작전이 전개되었어요. ④ 미·소 공동 위원회는 대한민국 정부 수립 이전에 개최되었어요.

3 4·19 혁명의 전개

4·19 혁명은 이승만 정부와 자유당의 3·15 부정 선거가 원인이 되어 일어났어요. 3·15 부정 선거를 규탄하는 시위에 참여한 김주열 학생이 시신으로 발견되면서 시위가 전국적으로 확산되었지요. 4·19 혁명의 결과 이승만이 대통령직에서 물러났어요.

왜 답이 아닐까? ② 4·13 호헌 조치는 6월 민주 항쟁의 원인이에요. ③ 한·일 국교 정상화에 반발하여 6·3 시위가 일어났어요. ④ 신군부의 비상계엄 확대가 원인이 되어 5·18 민주화 운동이 일어났어요.

4 5·16 군사 정변의 발발

5·16 군사 정변으로 장면 내각을 무너뜨리고 권력을 차지한 인물은 박정희예요. 박정희를 비롯한 일부 군인들은 5·16 군사 정변을 일으켜 장면 내각을 무너뜨리고 정권을 장악하였어요. 이후 헌법을 고쳐 대통령제로 되돌리고 박정희가 대통령에 선출되었어요.

왜 답이 아닐까? ① 이승만은 대한민국의 초대 대통령이에요. ③, ④ 전두환과 노태우는 박정희가 사망한 이후인 1979년에 권력을 차지한 신군부 세력이에요.

자료 더 보기 박정희 정부 시기의 유신 헌법

박정희 대통령은 1972년 국가 긴급권을 발동하여 국회를 해산하고 정치 활동을 금지하였으며, 전국적으로 비상계엄령을 선포하였습니다. 이후 헌법 개정안을 작성하여 국민 투표로 확정하도록 지시하였습니다. 유신 헌법은 국민의 기본권 제한을 더욱 쉽게 하였으며, 대통령의 권한을 대폭 강화하였습니다.

5 5·18 민주화 운동의 전개

1980년 광주에서 학생과 시민들이 민주화를 요구하며 일어났고, 신군부가 계엄군을 보내 진압하였으며, 광주 시민들이 시민군을 조직했다는 내용이에요. 이를 통해 학생이 생각하고 있는 민주화 운동은 5·18 민주화 운동임을 알 수 있어요.

왜 답이 아닐까? ① 4·19 혁명은 이승만 정부의 독재와 3·15 부정 선거가 계기가 되어 일어났어요. ② 6월 민주 항쟁은 전두환 정부의 강압적인 통치와 대통령 직선제 개헌 요구를 거부한 4·13 호헌 조치에 반발하여 일어났어요. ③ 부·마 민주 항쟁은 박정희 정부의 독재와 유신 체제에 반발하여 일어났어요.

6 6월 민주 항쟁의 전개

전두환 정부의 강압적인 통치에 대한 불만과 민주화의 요구가 거세지는 가운데 대학생 박종철이 경찰의 고문으로 사망하자, 국민들은 진상 규명과 대통령 직선제 개헌을 요구하는 시위를 벌였어요. 하지만 전두환 정부가 직선제 개헌 요구를 거부한 4·13 호헌 조치를 발표하자, 시위는 전국으로 확대되었어요. 국민의 거센 저항에 여당의 대통령 후보였던 노태우가 대통령 직선제 개헌을 약속하는 6·29 민주화 선언을 발표하였으며 이후 대통령 직선제 개헌이 이루어졌어요.

왜 답이 아닐까? ① 장면 내각은 4·19 혁명의 결과로 출범하게 되었어요. ② 5·10 총선거의 결과 제헌 국회가 구성되었어요. ③ 박정희 정부는 1972년 10월 유신을 단행하여 장기 집권이 가능한 유신 헌법을 통과시켰어요.

7 경부 고속 국도 개통

박정희 정부는 경제 개발을 위해 다양한 정책을 추진하였어요. 1960년대에는 제1, 2차 경제 개발 5개년 계획을 실시하였어요. 또한, 1970년 경부 고속 국도를 준공하여 산업 개발에 따른 교통량 증가 문제를 해결하고, 지역 개발을 앞당길 수 있게 되었어요.

8 통일을 위한 노력

박정희 정부 때인 1972년 자주, 평화, 민족 대단결의 통일 3대 원칙을 담은 7·4 남북 공동 성명이 발표되었어요. 노태우 정부 시기에는 북방 외교 추진으로 사회주의 국가들과 국교를 맺었어요. 이 과정에서 북한과의 관계도 진전되어 1991년 남북 기본 합의서를 채택하기도 하였지요. 이후 김대중 정부의 '햇볕 정책' 추진으로 최초의 남북 정상 회담이 개최되었으며, 이 회담에서 6·15 남북 공동 선언이 발표되었어요. 문재인 정부 시기에는 평창 동계 올림픽을 계기로 북한과의 화해·협력 분위기가 조성되면서 2018년 한반도 평화와 번영, 통일을 위한 판문점 선언이 발표되었어요.

》 키워드 숨은 낱말 찾기

광	제	헌	국	회	위	원	회	남
이	복	정	전	협	정	남	북	6
승	여	운	형	이	승	기	대	월
만	분	김	구	만	본	술	한	민
민	이	규	성	합	의	집	민	주
주	산	식	의	유	서	약	국	항
화	가	서	한	엔	신	적	정	쟁
운	족	기	국	군	탁	헌	부	마
동	군	사	정	변	독	재	법	산

29